大活字本シリーズ

日本の味と世界の味

小泉武夫

《下》

埼玉福祉会

日本の味と世界の味　下

装幀　巖谷純介

目次

加工品（承前）

調味料・香辛料

加工品（承前）

お好焼き—ピッツァパイ

お好焼き

お好焼《このみや》きはいつ、どこで、誰がはじめたのかは明らかではないが、一種の遊戯料理の草分け的な存在で面白い。一説によると、江戸後期の雑菓子「麩《ふ》の焼」（春秋の彼岸に仏事用に焼いたもの）に源を持つという。これは、今のお好焼きのようにさまざまな具を入れて焼くというものではなく、小麦粉を水に溶いて焼き鍋の上に薄く流し、焼けたら片面にみそを塗ってから巻いた素朴な焼き菓子であった。

これが明治に入って、鉄板と小麦粉液を備えて思いのまま焼かせたのが「文字焼《もんじやき》」となり、大正に入って魚、肉、野菜を具とする今の型が定着したようである。当時はこの遊戯的料理がなんとなく不如意に感じとられ、芸妓や一部の芸能人に持てはやされて広まった。だから、この流行の底には、たとえば好き合った男女がお好焼きを焼くという心情が隠微な感覚に通じて、たがいに向きあって食べることに次の行為への暗黙の了解を感じさせる点は、なんとなく日本人的風情である。

粉料理においては、日本と諸外国とはその区画線がはっきりと区別されている。お好焼きを代表として、てんぷらのかき揚げ、たこ焼きなど、日本のものは大半が溶いた粉のなかに具を混ぜてから焼くのに対し、外国のそれはオムレツやオムライスにその典型が見られるように、サンドイッチ、ホットドッグ、ピザパイ、ギョウザ（中国）、パスタ（イタリア）、チャパティ（インド）などはすべてが粉をねってのばしたものに具を包んで食べる。

日本人は、主食の米を見てもわかるように粒食《りゅうしょく》民族である。だから、日本では鍋の発達のほうがフライパンのような鉄板の発達より進んできた。これと反対に、西欧のような小麦粉中心の粉食《ふんしょく》民族はフライパンが主で鍋は従であったから、水分の少ないことを特徴とする包んで食べる料理がそこに発達したと見ることもできる。主食によってその料理法や料理の道具は明らかに変わるものなのである。

ピッツァパイ

ピッツァはイタリアの庶民的なパン料理のことで、アメリカ風にいえばピザパイ（pizza pie）となる。一九七〇年ころから日本でも流行し、今日では「ピザハウス」と称する専門店も盛り場で目立つようになった。先日も渋谷の若者街にあるその類の店に学生たちと入ってみたら、なんと洗面器ほどの大きさのものが目の前に出てきて驚いた。その店の客を見ると若い女性が圧倒的に多く、ピザをはさんでの談笑風景は一種のファッショナブルフードの感さえある。

パイとは本来、果物や肉などをこねた粉に入れて焼いたケーキや料理のことで、世界には数限りないほどの種類とつくり方がある。だが共通することは、パイクラフト（パイの皮）を用いることにあり、この皮がまたたいへんで、小麦粉と水だけのもの、小麦粉とバターのもの、卵黄を使うもの、ジャガイモの裏ごししたものを使うものなどさまざまである。パイの菓子としてはアップルパイ、レモンパイなどあり、料理のパイには牛肉、子牛の腎臓（キドニーパイ）、鶏肉、カボチャなどを材料とするものもある。

今日、私たちが日本で食べるピッツァパイは、それこそふんだんにチーズを使い、サラミソーセージやエビ、マッシュルーム、ピーマン、玉ネギなどを具にした豪華なもので、あまりの豪勢さと色彩の美しさに、本場のイタリア人も驚くという。イタリアにはほかにギョウザによく似たパスタがあり、ロシアにはロシア料理の具を包んで焼いたパンがあって、これをピロシキとかクレビャーカ（チョウザメの脊髄《せきずい》などを入れたパイ）と呼んで好まれている。また、フランスのブーシェ（一口パイ）やヴォローヴァン（大型パイ）、インドのチャパティなどもあり、それぞれの国にはそこの国民の考えだした独特のパイがある。これらのパイ料理はいずれもその国の家庭料理となっていて、日本のお好焼きやたこ焼きのようにどちらかといえば家庭外にそれを求めて食べるようなものではない。日本のお好焼きが日本人古来の伝統的な食べ物でない弱みと、諸外国の多種のお好焼き（パイ）が古くからその国の食文化を密接に保っている強みを如実に比較できる好例である。

煎餅―クラッカー、ビスケット

煎餅

小麦粉や米粉を主原料とした干菓子のなかの焼き菓子を、総じて煎餅《せんべい》という。中国から唐菓子のひとつとして伝来したのが始まりで、一説には空海(弘法大師)(七七四〜八三五)が中国から帰朝のおり、その製法を広めたという。その後、天正年間(一五七三〜九二)に、千利休の門人である幸兵衛という人が小麦粉に砂糖を混ぜて焼いたのが広まり、利休から「千」の字をもらって千幸兵衛といったのが、いつか「千兵衛《せんべい》」になったという説もあるが、別には中国から伝わったとき、すでに煎餅という名であって、その漢音のセンヘイがセンベイになったともある。

煎餅が一般に普及したのは天明年間（一七八一〜八九）の徳川十代将軍家治の時とされる。当時関東には瓦《かわら》煎餅、亀甲《かめのこ》煎餅、みそ煎餅、小豆《あずき》煎餅、卵煎餅など、関西には切煎餅、豆煎餅、半月煎餅、五色煎餅、ごま煎餅、短冊《たんざく》煎餅、木の葉煎餅など、実にさまざまな煎餅が登場していることから見ても、いかに日本人好みの食べ物であったかがよくわかる。

平安時代の煎餅は、くず粉（澱粉）と米粉、それに果実の実などを混ぜて焼いたものであり、江戸元禄のものは小麦と砂糖をこねてから蒸し、平たくのばしてから炭火で焼いたもので、今日のように生地を型に入れて焼くようになったのは文化文政（一八〇四〜三〇）以降である。

日本に煎餅が普及した一因に、茶との関係を忘れてはならない。茶だけでは口さびしいし、かといって煎餅だけではパサパサして困るから茶が合う。煎餅は日本人の主食である米や麦を原料とした保存食品のひとつであるが、これまで考案されてきたさまざまな煎餅は、いずれもが日本の風味を生かしたものであることに感心させられる。ごま入りの南部《なんぶ》、のりを巻いた磯巻き、しょうが、さんしょうの香り煎餅、菊の花やシソ葉入りまであって、実に工夫が多い。

今日一般にいう煎餅は粳米《うるちまい》を原料としたもので、糯米《もちごめ》を原料としたものはあられである。あられは、原料を精米してから粉とし、これを蒸して成型、乾燥し、二八〇度Cぐらいで焼き上げ、かけじょうゆをして乾燥し、製品とする。

煎餅もこのごろでは若い人たちに人気がなく、その需要は減少の一途をたどっているという。その原因は、スナック食として西欧風のポテトチップスやコーンフレークなどが、かっての煎餅市場を脅かしているためだという。日本の誰からも愛された和菓子が、その日本人から少しずつ離れていくのはなんともさびしい限りである。

クラッカー、ビスケット

クラッカー（cracker）は小麦粉生地を酵母で発酵させたものを焼いた菓子で、パリッ！とした砕け具合を楽しむ点は煎餅に似ている。生地に練り込ませる材料もチーズ、オートミール、レーズン、クリームなど豊富で、多様な味が楽しめる。クラック（砕ける）という意味からきた名である。

ビスケット（biscuit）は小麦粉を主原料とし、これに油脂、卵、ミルク、バター、砂糖、香料を混ぜ合わせ、鉄板の上で焼いたもので、独特の甘い香りがある。ラテン語のビス（二度）とコッツ（焼く）からきた名で、「二度焼きしたパン」の意味を持つ。ビスケットをクッキーともいうが、これはオランダ語のクォッキィ（小さな菓子）からきた。

日本には十六世紀ごろポルトガルからクラッカーの原型が入ってきたといわれるが、製造販売されたのは明治初期である。当時はまだ煎餅が圧倒的人気であったから、広い普及は見られず、上流家庭や商家で主に使われていたにすぎなかった。

クラッカーの代表的なものはソーダクラッカーである。ソーダとは重曹のことで、膨張剤の役割のほかに風味づけの役割を果たしている。小麦粉一二〇〇、水三五〇、ショートニング（可塑性油脂）一二〇、酵母（イースト）二、砂糖一〇、食塩一八、重曹七の割合が配合の一例である。二五度Cの温度で二〇時間程度発酵をさせ、二六〇～三〇〇度Cで三～四時間あぶり焼きにする。オードブル用に出されたり、酒のつまみとして手軽に出されるが、ブルーチーズのようなナチュラルチーズと組み合わせる食べ方がよく似合う。

クラッカーが「パリッ！」と砕ける必要があるなら、ビスケットは「サクリ」と粉々に砕けなければならない。そのため小麦粉の強度を考え、卵や牛乳、膨張剤をうまく配合する必要がある。たとえばココナッツ・ビスケットは、小麦粉一〇〇に対してショートニング一五、砂糖一三、練乳六、ふくらし粉一、三盆糖《さんぼんとう》二〇、重曹〇・六、食塩〇・七五、バター二〇、水六、卵二、粉末ココナッツ五という配合で焼かれる。

煎餅に日本の緑茶が合うように、ビスケットには紅茶やコーヒーがよく合う。逆に緑茶にビスケットはまったく風情がなく、コーヒーや紅茶に煎餅でもこれまたちぐはぐな味の取合せとなってしまう。昔、日清戦争（一八九四〜九五）のとき、陸軍の出征兵士には携帯食糧として伝統の「ほしいい（乾飯＝米を蒸してから日干ししたものを粗びきするか、それを強火でいって焼き米にしたもの）」に砂糖をまぶしたものとビスケットを試験的に与え、兵士たちがどちらを好むか調べたところ、実戦に参加して奮闘した者は断然「ほしいい」を、また戦線から遠ざかっている後方勤務兵士は大半がビスケットを希望したという。なんとなくわかるような気がする。

やきとり―バーベキュー

やきとり

やきとりといえば赤提灯《ちょうちん》、赤提灯といえば居酒屋、居酒屋といえば燗酒《かんざけ》か焼酎《しょうちゅう》。昔はだいたいこのパターンが決まっていたし、今でもやきとりを食べに行くには赤提灯をめざせばよい。とにかく、竹串に刺したものを食う日本料理は数々ある。おでん、田楽《でんがく》、串揚げ、川魚の塩焼き、イカ焼き、貝焼き、フナやワカサギのすずめ焼きなどぞくぞくあり、どれも粋《いき》でいいものである。

やきとりといえば、その正統は野鳥や鶏肉を焼いたものであるが、ここでいうやきとりは街でもうもうと煙をたてて焼く、あの油ぎった赤提灯と黒い煙でヤニだらけの天井の下で食えるあれである。鳥というよりは豚や鶏のレバーとか、ハツ（心臓）、シロ（腸）、ガツ（胃）のごときモツ焼きのことで、辛口の日本酒や焼酎の肴《さかな》とするとき思わず感激する。

鳥を焼いて食べるのは古代からの人間の食性で、別にどうということはない。しかし、串にさして炭火でもうもうと煙を出して焼き、なんとも表現のしようもないほどのあこがれのタレをつけてまた焼く肉料理は、どうしても日本だけのものとしか考えたくない。それもそのはずで、日本にはやきとりを焼くのに不可欠なタレをつくる材料（しょうゆ、日本酒、みりん）があり、またちょうどうまいぐあいに木炭《すみ》がある。肉や臓物が炭火であぶられるとき、しょうゆ、日本酒、みりんの御三家は一体となって快香を発するから、やきとり屋へ行くとまことにここは日本であることを実感する。世界にはやきとりや焼き肉料理はごまんとあり、タレさえつけなければまさしくバーベキューかシシカバブであるものが、タレをつけて焼くと一転して日本の味となる。そして、なんといっても、箸など使うことなく、あのアツアツの串を手に持って口にくわえてぐいと引き抜く快感は、まさに日本人の生活実感を語るに充分である。

やきとりは焼酎によく合う。脂身《あぶらみ》が多く、甘ダレの味なので、辛い焼酎とはよくよく相性がよい。それに反し、甘口の清酒などはてんで合わない。だから最近では、「やきとりはウイスキーに最適な肴だ」

とウイスキー会社がたくみに宣伝するものだから、「ウイスキーの水割りにやきとり」という和洋折衷の一風変わった取合せが普通に見られるようになった。日本酒もこのへんでやきとり専門の日本酒、中華料理専門の日本酒、すしをうまく食べられる日本酒の開発など、料理と日本酒の相性についてもっと真剣に取り組むべきである。やきとりはやはり日本の味なのだ。

バーベキュー

バーベキュー（barbecue）はアメリカの野外料理のひとつで、インディアンやカウボーイなどが射とめた鳥獣肉をその場で焼いて食べることだが、今日では戸外で肉、魚、野菜などを焼きながらタレをつけて食べる野趣あふれる料理をさしていう。焼き上がった食べ物を囲み、わいわいやるのはどこか日本の芋煮会《いもにかい》に似てなくもない。

だいたいこのような野外料理のパーティは世界各国にあって、たとえばアルゼンチンには想像を超えるほど大きなスケールの野外大パーティがあり、なかでもガウチョ料理（牧童料理）には数百人が集まり、数頭の焼いた子牛を平らげてしまう。また、ヒツジ一頭を炭火で丸ごと焼くアサドという料理も有名だが、何といってもパリージャという鉄板焼きは圧巻である。大きな鉄板（一畳は優にある）の下でカンカンに火をおこし、鉄板の上で牛や豚の腸詰め、血の塊、肝腎や心臓、腸などの臓物、尾肉など、解体した牛のすべてをジュージューと鳴かせて焼きながら、フーフーいって食べる猛烈なスタミナ食である。日本のやきとりの風情などない。

日本のやきとりに似たものといえば、金串《かなぐし》で羊肉や野菜を焼き、タレをつけて食べるシシカバブだろう。トルコやペルシャ湾沿岸、地中海、黒海沿岸圏で食べられているもので、「シシ」とは焼き串、「カバブ」は焼いた肉で、「串焼き肉」の意味である。イスラム圏は豚肉を食べないから羊肉（マトン）が主である。なにせこれらの国では、スープにも米飯料理にも羊肉が使われ、バターやチーズも羊乳であって、ヒツジなしでは夜も日もない。シシカバブはチェロキャバブともいい、日本の竹串に代わって金串、鶏や豚に代わってヒツジ、ネギの代わりにトマトで、あとは焼いて熱いうちに食べるのは同じである。ただ、日本のやきとりは味付けにタレや塩をするが、シシカバブは焼きたてのものにレモンを搾りかけたり、薄い塩味で食べるのが普通である。日本のひき肉の「つくね焼き」のように、羊肉をひいて丸め、団子にしたものもある。

羊肉は臭いのが特徴だから、日本人がこれらの国に行って朝昼晩とヒツジばかり口にするとうんざりする人が大半だというが、なかにはこの臭みに慣れてすっかりその味のとりこになってしまう強者《もさ》もかなりいる。これらの国には「金持ちはマトンを食う。マトンを食えない人は魚を食う。魚を食えない人は米を食う」というたとえがあって、これを日本人の生活に置きかえれば、アベコベとなってしまうのが面白い。

漬け物——ピクルスとザウワークラウト

漬け物

わが国には多種多様の漬け物がある。塩漬け（ハクサイ、野沢菜、ラッキョウ、梅干しなど）、ぬか漬け（たくあん、キュウリなど）、しょうゆ漬け（ショウガ、福神《ふくじん》、シソ実、ダイコン、ラッキョウなど）、粕漬け（ウリ、ワサビ、ナスなど）、酢漬け（ラッキョウ、ショウガなど）、みそ漬け（ダイコン、カブ、ゴボウ、キュウリ、ナスなど）、麹《こうじ》漬け（ダイコン、カブなど）、もろみ漬け（ダイコン、ゴボウなど）等々、枚挙にいとまがない。なぜこのように漬け物が豊富かというと、漬け物を漬け込む「漬け床」（みそ、酒粕、麹など）の材料が多数あるためであり、まさに世界屈指の漬け物王国なのである。なかでも西欧にまったく見られない麹の存在は、清酒、みそ、しょうゆを生み、その麹やもろみの漬け床は驚くべき複雑な風味を私どもに与えてくれる。

日本人と漬け物のかかわりは実に古く、縄文時代にはすでに蔬菜《そさい》の皮を塩に漬けた原始的なものがあったといわれる。平安時代の『延喜《えんぎ》式《しき》』の「内膳の部」には薺《なずな》、芹《せり》、薊《あざみ》、蕗《ふき》などの春菜漬け一四種、瓜、大根、茄子《なす》、生姜《しょうが》など秋漬け三五種（いずれも漬け床は塩、みそ、醤《ひしお》、酒粕など）の記録が残っており、古い時代から日本人の口に合った嗜好物として育てられてきたのである。

漬け物を日本人が好んで多食する最大の理由は、主食との関係であろう。昔から鳥獣肉をあまりとらない食生活は、その主食が米、アワ、ヒエ、イモ、クリのような澱粉質中心の素朴なものだったから、これだけでは口がさびしかった。だが、漬け物さえあればあの特有の食欲香が鼻から入り、口には複雑な塩味を伴った独特のうま味が残るから、副食物として大いに受けたのである。特に主食の飯《めし》は、漬け物の香りがそこにあるとたがいの匂い同士が相乗し、たまらぬ食欲をふるいたたせてくれる。

さて、わが国の漬け物の最大の特徴はその製法上、多くの場合に微生物が関与していることである。ぬか漬け、塩漬け、みそ漬け、麴漬けなどには乳酸菌や耐塩性酵母が常に活躍していて発酵を行ない、特有の風味をつけてくれる。また、粕漬けやしょうゆ漬け、もろみ漬けなどは微生物が活躍してできた漬け床に漬け込む。だから、日本の漬け物はことのほか匂いが高く、味わい深く、そして複雑な風味を持つ。

日本の漬け物の第二の特徴は、これが保存食のひとつであるということにある。そのまま漬け込んでおけば、長くなるほど味と香りに熟成が増し、漬け物によっては二年や三年は平気というものもある。それは塩分が高いうえに漬け込みちゅうに乳酸菌を中心とした微生物の作用を受けて、そこに乳酸、酢酸のような有機酸が増加し、水素イオン濃度（pH）を低下させ、雑菌の侵入を阻止するから長もちできるのである。梅干しやダイコンの古漬けなどは保存どころか防腐にもなるというので、にぎり飯《めし》や竹の葉などにつつんで野良仕事にでかける。

さらに日本の漬け物の特徴はその多くの場合、漬け床が固形物（みそ、ぬか、麴、酒粕、もろみなど）であるという点で、このような漬け物を日本以外で見ることはまれである。

ピクルスとザウワークラウト

ピクルス（pickles）は野菜の酢漬けで、キュウリが特に有名である。西洋料理の漬け物といえばもっぱらこのピクルスであって、広く欧米で消費されている。

ビネガーはたいへんに古い時代から西欧人に食されているが、ピクルスもやはりビネガーと同時に起こったと考えられている。しかし最初のピクルスは、単に野菜や果物をビネガーのなかに漬け込んだだけの簡単なもので、今日のように香辛料で風味付けして瓶入りで売られているピクルスは比較的新しい時代の産物である。今日、ピクルスをつくるのに漬け込む酢液を香味酢といい、一例として、酢五リットルに砂糖三キログラム、ニッケイ三〇グラム、ローリエ五グラム、トウガラシ少々を混合したものに、軽く七日間ほど五％の食塩水で下漬けしたキュウリ一〇キログラムを加え、二、三週間で食に供する。

漬け物王国日本にあって、ピクルスはそう需要も多くなく、全漬け物に占める割合は一％以下である。甘く、そして西欧的な香りのあるピクルスが日本人の食の嗜好となじまないのかもしれない。日本の漬け物は、そのほとんどが飯のおかずとしてそのまま食べられているのに対し、ピクルスはもちろんそのままでも食べるが、肉の煮込みやクリーム煮、前菜の盛りつけなど、料理にも重宝されているのは面白い。多くの香辛料とともに酢漬けされるものであるから、煮込みの風味づけなどに格好なのである。もし、日本の漬け物が料理材料のひとつとして煮込まれることを想像しただけでうんざりしてしまう。

ザウワークラウト（sauerkraut）はドイツの代表的なピクルスの一種で、素材はキャベツが主である。二〜三％の食塩に大きめに切断したキャベツを漬け込み、これを放置しておくと、そこで乳酸発酵が起こり乳酸が生成される。乳酸が一％を越したころ食べるのだから、かなり酸っぱく、保存もきく。ピクルスと同様、そのまま食べたり、煮込みや酢漬けの材料に用いる。

ところで西欧には、このザウワークラウトに似た牛のえさがある。

酪農国に行くと（日本の酪農家でも見られるが）よく目立つサイロ（丸胴のコンクリートでつくった高さ四〜五メートルの塔のようなもので、頂上に小さな屋根がある）のなかには刈りとった草を堆積してあって、そこで乳酸発酵が起こる。草は乳酸を主とした有機酸のために酸性となり、保存飼料（サイレージ）として長い冬場の重要なえさとなるが、牛はこれを涙を流さんばかりに喜んで食べる。ザウワークラウトと牛のえさを一緒にするのは欧米人には申しわけないが、だがこの両者、いろいろな面でよく似ている。

なます―マリネ

なます

「なます」は膾とも鱠とも書く。「なま」は生、「す」は酢のことで、生魚の肉や野菜を細切りして酢で食うからこの名がついた。また一説には、昔、生肉のことを「ナマシシ」といったが、これが「ナマス」になったという説もある。膾のほうは野菜を主体としたなます、鱠のほうは魚介類や生肉を主材としたなますと、文字を使い分けている。精進料理では、なますという言葉は使わずに酢和えと呼んでいる。

なますは平安時代から盛んに用いられている料理のひとつで、日本人の口によほど合っているのか、今日でも正式な日本料理の膳には必ずついてくる。なますに用いる魚は、海水産であれ、淡水産であれ、新鮮でさえあればだいたい材料に用いられ、二杯酢、三杯酢、五杯酢、青酢、黒酢、たで酢、甘酢、からし酢、しょうが酢、ごま酢、みそ酢、わさび酢を合せ酢とする。なかでも、タデの季節にたで酢（青タデの葉を摘み取り、少量の塩を混ぜてすり鉢ですりつぶしたなかに飯粒《めしつぶ》少量をすり混ぜ、適宜に酢を加えて裏ごししたもの）で楽しむなますはまた格別である。

鮎《あゆ》なます藍《あい》より青き蓼《たで》酢哉　　徳元

なますは材料や料理法によっていろいろな名がある。「筏鱠《いかだ》」はアユ、コイ、フナ、スズキなどをたねにしたもので、江戸時代の『庖《ほう》丁聞書《ちょうもんじょ》』には「鮎の筏鱠というのは、鮎をおろして細つくりにし、柳の葉を筏のごとく皿にならべ、その上に作りたる鮎をもりて出すべし、柳の葉先を人の左または向へなるように敷くべし」とある。ほかに、フナの「糸鱠」、キス、カレイ、イカなどのつくりを混ぜた「和雑《わぞう》鱠」など数十種類ある。日本人は元来肉食でないから、西欧人に比べあまり酢をとらぬ民族といわれてきた。だが、いざ酢をいただくとなると、心にくい料理が目白押しにあることがなます料理でよく分かる。

多くの種類のなますのなかで、ダイコンやニンジンのなます、キュウリとイカの合わせなますはいつも見られる代表的なものである。ダイコンとニンジンのなますは、ダイコンにニンジンが少し入っていて、けっして半々にしない。これは、ダイコンの白にニンジンの橙色をちりばめてその美しさを楽しむばかりではなく、ニンジンにはビタミンCを壊す作用があることから、なるべくニンジンの使用は少なくしようとの知恵も働いているのである。

キュウリを主材とした酢の物はきゅうりもみといって、薄切りにしたキュウリを軽く塩もみし、さっと洗い上げて絞り、調味酢をかけてできあがるが、このとき青ジソを刻み込んで同じく塩もみしたものを上にのせると、風味は一段と増して大喜びの酢となる。

マリネ

とにかく欧米人は日本人に比べて実によく酢をとる。サラダや漬け物（ピクルス、ザウワークラウト）に入れて食べるのはもちろん、バーモントビネガー（りんごジュースやはちみつなどを加えて飲みやすくした酢）と称してガブガブ飲む人も多い。魚料理とて同じことで、魚の酢漬けはごく普通に見られる食べ物で、オランダのアムステルダムでは街の屋台でさえイワシの酢漬けを食べさせてくれるし、数種の香辛料を配合した酢にニシンを漬けたものはドイツ名物の家庭料理である。

魚の生臭みは揮発性塩基化合物に由来し、メチルアミンやジメチルアミン、トリメチルアミンなどが主体である。アルカリ性の揮発化合物であるこれらの成分は、レモン汁や酢のような酸液に合うとたちまち中和され、不揮発性となるから生臭みがおさえられ、それでなくとも生魚をあまり食べない欧米人をほっとさせる。

西欧の魚の酢漬けは主にイワシとニシンである。日本のなますは生魚や野菜の酢の物といった比較的簡単なものであるが、西欧のマリネはもっと時間をかけてつくる。ニシンを用いたドイツの代表的なつくり方は、おおよそ次のようである。塩漬けしたニシンを三枚におろしたもの一〇枚を用意し、冷蔵庫で一日ほど水にさらして水洗いし、水気を切って小骨を取り除く。漬け汁はりんご酢と水各二カップ、オールスパイス少々、クローブ三粒、黒こしょう五粒、ローリエ一枚、ジュニパーベリー三粒を鍋に入れ、強火で沸騰させたらすぐ弱火にして数分間煮て、そのまま室温で冷ます。次にニシンの皮のほうを下にして、ねりからし約小さじ一をまんべんなくぬり、ケッパー、玉ネギの薄切りしたものとキュウリのピクルスを縦割りにしたのを適量ずつその上に置き、端からくるくると巻いてようじでとめる。次にホウロウびきか瓶などの容器にニシンを並べ、残りの玉ネギを散らしてさらにニシンを並べ、上から漬け汁をかけて、ホイルでふたをして五～六時間後に食する。

西洋の酢の物には、日本のなますによく似たものが多い。たとえばコハダとキュウリのワイン酢漬け、ジャガイモと酢魚のサラダ、キュウリの酒酢漬け、イカとマッシュルームのマリネなどはいかにも日本酒に合いそうな肴《さかな》たちである。

酢は防腐効果を充分に持つから、わが国でも西欧でもこれを食酢だけにとどめず、他の食べ物にまで広げようと酢漬けがはじまったが、幸いなことに生魚の匂いまで消してくれるから、人はどこの国でも酢のありがたさを知っている。だから、酢の使い方には日本人と西洋人は相共通した接点を持っているのである。

つみれとつくね｜フィッシュボール、ミートボール

つみれとつくね

かつて日本ではイワシが豊漁で、あまりとれるので食用だけでは消化しきれず、一部は飼料として家畜や養殖魚のえさとなっていた。ちなみに年間三三四万トンの高漁獲量の年、鮮魚で食べられたのはその二・五％。他に塩干し二・七％、缶詰四・六％、素干し五・九％であり、残りの八二％は飼料や肥料となっていた。そんなにとれたから、わが国ではイワシは大衆魚の代表格。安価であるうえに栄養価値も満点というのに、人気はそう高くなかった。

それでも最近はこの種の魚の脂肪には不飽和脂肪酸が多く、なかでもエイコサペンタエン酸は動脈硬化、脳卒中、心筋梗塞の予防やコレステロールの減少に効果ありとされて見直され、需要も上向きとなってきた。

イワシは実にうまい魚である。新鮮なものはなんといっても塩焼きにかぎり、焼きたての熱いのをフーフー食べるのに勝るものはない。かつて東京銀座六丁目の東京温泉の裏に「樽一」というしゃれたイワシ料理屋があって、この店に入ると大きな水槽にイワシが群れをなして泳いでいて実に壮観であった。ここで食べるイワシ料理は格別だったが、とりわけ刺し身と腸《わた》のしおから、塩焼き、それにつみれは絶品であった。数分前まで元気よく泳いでいたものを、そのまま材料にするのだからまずかろうはずはない。

　このつみれのつくり方はだいたい次のようだった。生きたイワシを手開きにして包丁で細かくたたきつぶし、これをすり鉢に入れて充分にすりつぶし、さらに小麦粉、かたくり粉、塩、みりん、しょうが汁、かくし味を少量入れて再び充分にすりまぜる。次にこれを直径約三センチほどにまるめて団子とし、鍋にだし汁を煮つめておいて、これに団子を入れ、味をふくませるように煮て浮き上がるのをちょうどよいとして、次に冷たいだし汁のなかで冷却し、汁の実や煮物にこれを使っている。

　つくね焼きはこのつみれを串にさして炭火で焼いたものだが、これもうまい。油で揚げたものは西欧のフィッシュボールそのものであるが、なんといっても粉ざんしょうをふりかけてだいこんおろしの割りじょうゆで食べるのが最高である。やきとり屋に行くと、鶏肉や皮、臓物をネギ、ショウガ、シイタケ、塩、こしょうなどとともによくたたいてすりつぶした鶏つくねもあるが、これも店を選べば実にうまいもので、運よくそのような店にあたると酒を飲む暇もないほど食べまくったほうが勝ちというものである。

つみれもつくねも安価で手軽に楽しめるうえに、栄養価の高い食べ物であるから、最近はおでんの具としていつでも求められる。うまくて、安くて、そして栄養価が高いのだから、これほど得をする食べ物はそうざらにあるものではない。

フィッシュボール、ミートボール

フィッシュボール（fish ball）は魚の団子、ミートボール（meat ball）は肉団子。まさしく日本のつみれとつくねに等しい。フィッシュボールもミートボールも、ともに魚や肉を充分ひいた肉を用いるのだが、そこに使う香辛料や野菜によってそれらの団子は一段と個性を持ったものになる。たとえばミートボールといっても、「牛ひき肉に牛乳、塩、こしょう、ナツメグ、カレー粉、ネギのみじん切り」もあれば、「牛ひき肉にパン粉、パセリのみじん切り、卵、ナツメグ、塩、こしょう」もあり、この双方はまったく異なった風味のミートボールとなる。また豚肉やハムを主材料としたものでもミートボールはできるから、さまざまな味が楽しめる。

日本のつみれやつくねに比べ、西欧のボールには実に多くの香辛料を使う。香味野菜（玉ネギ、ニンニク、ショウガ、ニンジン、セロリ、トマトなど）、香辛料（ナツメグ、ローリエ、パセリ、カレー粉など）、味付け（塩、こしょう、ワイン、バター、チーズ、牛乳、クリーム、サラダ油など）をふんだんに使い、魚臭や獣臭を消すのに努力する。

ところで、子供の好きなハンバーグもミートボールの一種で、今や外来の食品とはいえぬほどわが国で定着した。なかでも、味付けケチャップをからめたハンバーグを丸いパンにはさんだ「アメリカンハンバーガー」は、日本中の街のすみずみにまで浸透し、売上げ絶好調のようである。最大手の外資系ハンバーガー会社は日本の外食産業のトップに位置し、そのハンバーガーショップでは若者が列をつくって立ち食いし、これをファッショナブルだとしてせきたてる。

レストランに行ってメニューを見ると、「ハンバーグライス」というのがある。ハンバーグステーキと皿に盛ったごはんがペアになっていて、子供たちの好物のひとつだが、大の大人もまじめに食べている。これを見ただけでも、日本には大人も子供も和洋折衷族が確実に多くなってきているようだ。週に二度ハンバーグを食べる家庭があっても、月に一度イワシを食べる家庭があるかどうかの世の中、せめて月に数度はアッアッの焼きたてイワシにつみれの吸い物はいかがか。そこで考えたのがイワシのハンバーグ。イワシのすり身にパン粉を入れて、刻んだネギ、シイタケ、ショウガを加え、みりん、しょうゆ、だし汁で調味してから油で焼いたもの。これなどは安くて栄養満点。日本酒の肴《さかな》やごはんのおかずにも持って来いの日本料理である。

寄せ鍋―ブイヤベース

寄せ鍋

水炊き、寄せ鍋、石狩鍋、ちゃんこ鍋、あんこう鍋、しょっつる鍋、たら鍋、かき鍋、かに鍋、すっぽん鍋、すき焼き、けんちん汁、湯豆腐、おでんなど、枚挙にいとまがないほどわが国には鍋料理が多い。

なぜこのように鍋料理が多いかというと、第一に日本は四方を海に囲まれた海洋国であって、臨海海岸線（海に接している海岸線の総延長キロ数）は世界第二位とも三位ともいわれる島国であるから、鍋物の材料となる魚が豊富であること。第二に日本は古くから食形態の場が「いろり」や「かまど」から出発していて、そこには必ず鍋があり、火を囲んで家族同士が食事に臨む習慣があったこと。第三にわが国特有の調味料であるしょうゆやみそが、鍋物の味にうまく適合していること（ソースや多くの香辛料で調味した鍋物を想像しただけでうんざりするものである）。第四に何といっても、わが民族の食事法の特徴のひとつである箸《はし》の使用は、熱く煮えたぎったものをつまみあげ、口元でフーフー息をかけて食べる痛快さを生んで、鍋物はやはり日本人が心身ともに温まる食べ物となった。

数多い日本の鍋物のなかで、寄せ鍋は別名を楽しみ鍋といわれるぐらい皆から好かれる鍋料理である。魚、鶏肉、野菜など好みの材料をひとつの鍋で煮ながらこれを楽しむわけだが、昔、台所の残り物を混ぜ合わせて煮たのがその始まりといわれる。したがって昔の寄せ鍋は魚はアラ、鶏はガラや臓物、野菜は料理に使われなかった芯《しん》やヘタの部分を主な材料としたが、今日では、魚介類としてタイ、ヒラメ、キス、コチ、タラ、エビ、イカ、カキ、貝類など、肉類には鶏、豚、カモなど、野菜ではハクサイ、ネギ、シイタケ、シュンギク、ダイコン、里イモなど、そして豆腐、しらたき、こんにゃくなども具となっている。

寄せ鍋の最もうまい食べ方は、なんといっても煮汁に重点を置くことだ。清酒とみりんとを等量に合わせ、その量と同じ量のしょうゆを加え、さらにそれらの合せ汁と同量のだし汁を加え、煮汁が煮立ったところに魚、エビのようなだしのでるものから加えていって野菜に至るようにするが、貝類と肉類はかたくならぬよう、野菜が煮えるころあいを見て加える。つけ汁にはしょうゆに鍋の煮汁を加え、これにユズの搾り汁、だいこんおろし、七味とうがらしのような薬味を落として楽しむ。このようにしてできた鍋には、日本酒の燗《かん》がいやというほど合うからたまらない。

ブイヤベース

ブイヤベース（bouillabaisse）は魚、エビ、カニ、貝類をニンニクや香辛料でごった煮したスープ兼魚料理で、南フランスの地中海沿岸にある小さな漁村で生まれたフランスの鍋料理である。地中海の沿岸は魚介類のきわめて豊富な地域であるから、ブイヤベースに似た寄せ鍋料理はそれぞれの個性を持って至るところに伝えられている。フランスのマルセイユ、カンヌ、ツーロン、スペインのバルセロナ、バレンシア、アルメリア、ポルトガルのリスボン、セツバルなどはその代表的な土地であって、心ゆくまで魚介類を堪能することができる。もちろん、大西洋沿岸の、たとえばフランスのビスケー湾、サンマロ湾、セーヌ湾なども同様に魚のうまいところであることは言うに及ばない。

フランスの地中海風ブイヤベースは具の選び方や調理の仕方によりさまざまあるが、大筋は次のようなものである。

まず野菜の下ごしらえをする。玉ネギを薄くスライスし、ニンニクは包丁の腹でつぶす。トマトは薄皮をむいたものを四つ切りにしてから手でつぶし、セロリ、ポアロー（西洋長ネギ）は五センチ長さに切り、次に魚の下ごしらえに移る。魚はホウボウ、コチ、アイナメ、メバル、タラなどの骨付き魚を用い、ほかにオマール（ロブスター）、エビ、ハマグリなども用意する。魚はまず腹を割き、内臓《わた》をきれいに取り除き、これを半分に切る。オマール、エビ、貝はそのままよく洗っておき、いよいよ煮込みとなる。大鍋に下ごしらえをしておいた玉ネギ、ニンニク、トマト、セロリ、ポアローをつぎつぎに入れ、これに魚と具を入れ、さらに香りづけとしてローリエ一枚、フヌイユ、サフラン少々、オレンジの皮一片、パセリの茎数本を加える。次にオリーブ油カップ一杯を注ぎ、火にかけて、沸騰するまでは強火で、沸騰したらこれに白ワインをほぼ一本ほど注いで、そこにオマールをそのままの姿で上にのせ、さらにトマトピューレを少量加える。その後はふたをして中火で約二〇分ほど煮込み、魚介類にすっかり火が通ったら、なかの具だけを全部別の土鍋に移しかえる。さて、いよいよ顔ぶれがそろって鍋を囲んでの食事である。具の入っている鍋をコンロの火にかけ、さきほど分けたスープを上から具にかけて塩、こしょうで好みの味に味付けして食べる。

極上のブイヤベースを楽しむには、なんといっても新鮮な魚介類を用いることである。そして煮込みすぎないこともコツのひとつで、一説によるとブイヤベースという名は「沸騰したら火を切る」という意味の「ブイア・ベッソ」（フランスのプロヴァンス地方の語）から来たという。

フランスのブイヤベースのほかに、スペインのヴァレンシア料理のひとつ「パエリア」は、ブイヤベースにごはんを入れた日本のおじやのようなものであるが、ヨーロッパにはこのようなおじや料理がずいぶん多い。

干物―燻製品

干物

素干《すぼ》し、塩干し、煮干し、燻《いぶ》り干し、焼き干し、味付け干し、節《ぶし》など製法によっていろいろあるが、魚介類を干して保存食としたこれらの干物《ひもの》は、日本のみならず、世界の至るところで昔からつくられた食べ物である。とりわけわが国は世界有数の海産国であるから、干物の歴史はたいへんに古い。魚肉を単に干したものを鱐《ほしいお》、魚肉を細く割ったり切ったりしたあと塩に漬け、これを干したものを楚割《すわり》などと呼び、奈良時代以前から重要な保存食として重宝してきた。時には鳥獣肉まで干してこれを腊《きたい》と呼び食べてきたが、これはさほどの量ではなく、大半は干物といえば干し魚が普通であった。

だが、いくら海産国であったとはいえ、魚介をとる技術は今のようにそう巧妙ではなかったから、干物も高価なものであった。七世紀の『大宝令《たいほうりよう》』には米六斗に対し鮑《あわび》一八斤《きん》（一斤は一六〇匁《もんめ》で、約六〇〇グラム）、干し堅魚三五斤、干し烏賊《いか》三〇斤、雑魚楚割《ざこすわり》五〇斤と高かった。十世紀の『延喜式《えんぎしき》』ではこれがさらに高騰して、米六斗に対し干し鮑六斤、干し堅魚一〇斤、干し烏賊一〇斤、雑魚楚割一六斤となっている。需要の伸びに供給が追いつかなかった状況がよく分かる。

するめやみがきにしんは生のまま乾燥する素干し品で、そのままの状態でも食べることができるほどよく乾かしてある。だから、昔の人はこのような乾物を旅や山仕事にたえず携帯して、非常のときの食べ物にもした。煮て干した煮干し、干し貝柱、干し鮑、焼いてから干した川魚、かつお節のように煮てから焙乾したものなども、昔はそのような目的でつくられたものばかりである。たとえば江戸時代の天保の飢饉のとき、奥羽の惨状を述べた『奥羽遊歴記《おううゆうれきき》』には、「道中旅籠屋《はたごや》に米なしとて泊りを許さず、鰹節五、六本を所持し、朝夕の粮《かて》とし、往来をして日数五日ばかりは米一粒も見ず」とあり、当時はかつお節が必須の携帯食であったことがよく分かる。また『食品国歌』には「鰹節久痢虚損《きゅうりきょそん》を補ふて、脾胃《ひい》を調へ肌肉《きにく》生ずる」とあり、体力の増強にも効果ありと教えている。

富山県上市町の素封家飯田浩右衛門さん（しょうゆ醸造業で、ここのしょうゆは天下一品である）から年に一度送られてくる「いなだ」という干し魚には圧倒される。まさに日本人ならではの見事な干し魚で、干し魚の決定版のような逸品である。それはブリの塩干し品で、加賀藩前田利常（前田家三代目）の時代に、江戸参勤中の加賀藩に国元からブリを形のまま江戸に送るためにつくられたものという。五～七月ごろの八～一〇キログラムもあるブリを原料とした巨大で見事な干しブリで、酒の肴《さかな》や飯《めし》の友に珍重される。酒の肴とするときは、そのまま薄く切り、これに酒、みりん、焼酎《しょうちゅう》などをわずかに落とすと風味は倍加する。

日本は海産王国であるためか、日本人は干物づくりにかけては世界一の腕を持っている。その姿、形、味、匂い、保存性などすべてをとってみても外国に負けるものはない。

燻製品

わが国の干物や塩蔵品のような保存法は西欧にもあるが、燻製法による魚や獣肉の保存法は西欧の伝統である。はじめは、原始的な住居の天井に串刺ししておいた魚や獣肉がいつまでも腐らないことに気づいて、意識的に燻《いぶ》すようになったのだろう。燻煙《くんえん》が肉の皮を通って軽く浸透し、煙のなかにあるフェノール類が防腐力を持っていて微生物の発生を防ぎ、貯蔵性を増すと同時に、特有の香ばしい匂いを与えるから食欲を増進させる効果も持つ。

まず材料を塩漬けし、これに必要あれば香辛料を加えて軽く乾燥し、燻煙する。この燻煙法には、材料と火を遠く離してつるし、比較的低温で燻す冷燻法と、火を近づけて短時間のうちに仕上げる温燻法とがあるが、品質は前者にかなわない。燻す木材には硬質で樹脂分の少ないものがよく、カシ、クヌギ、ナラ、カバ、カシワ、ケヤキなどが使われる。

わが国にも燻製品がなかったわけではない。かつお節はその例だし、以前農村に行くと、川魚を串にさしていろりの自在鉤《かぎ》に巻いてある藁《わら》などに突きさしておいて、たきぎを燃やす煙で自然に燻製となっているのをしばしば見かけたものである。東北地方のマタギ（猟師）の一部には、獲物《えもの》の毛をむしらずに水に軽くつけ、これを土に掘った穴のなかに入れて青葉と枯れ葉を混ぜ合わせたものでおおって上から火をつけると、火は獲物を燻しながら静かに燃えていくから、それを猟のときの保存食にすることもある。また秋田には「燻《いぶ》りがっこ」(燻りたくあん)の例もあり、燻蒸は昔から日本にもあった食品保存法のひとつである。

昭和三十年代に入り、やっと戦争の痛手から復興し、食生活も一部で西欧化したのに伴って、魚や肉の燻製を少しずつ食べられるようになってきた。そして、ビールの需要も伸びてきた昭和三十五年ごろ、日本人はこの酒に合うつまみとしてイカの燻製を考え出した。イカの胴を細く輪切りにし、燻煙というより燻液(燻煙したときの匂いを持った燻油で、大半は合成ものであるが、なかには上等の天然ものもある)に漬けたものであった。このイカの燻製はその後、日本人に燻製の風味のよさを教えることとなり、さまざまな燻製がつくられるようになった。

燻り香といえば、日本人はウイスキーからもこの匂いを知らされている。ウイスキーは原料の大麦を燻し、その匂いをスモークフレーバーとして大切にするからである。今日ではデパートに行けば、サケの燻製やブロイラーの燻製、そしてベーコンがところ狭しと並んでいる。長いあいだ、木造の家に住み、いろりで焚《た》き火の生活だった日本人には燻される匂いに抵抗感などなく、燻り香はむしろ郷愁を感じさせるほど、日本人になじみ深いものにさせたのだろう。もはや今日では、日本人のほうが燻り食に身近な民族となってしまったようだ。

蒲鉾

平安時代の『類聚雑要抄《るいじゅうざつようしょう》』には竹についた蒲鉾《かまぼこ》の図がのっているが、それは今日の板付き蒲鉾とは違っていて、竹のまわりに蒲《がま》の穂のように巻いたちくわであった。形が蒲の穂に似ていて、その穂は鉾《ほこ》にも似ているので蒲鉾と呼んだらしい。

室町時代の古文書『宗五大艸紙《そうごだいぞうし》』には「かまぼこはなまず本也、蒲の穂を似せたる物なり」とあり、当時の原料はナマズで、この魚は形相がよくないのでつぶして食べたのが始まりだろう。だがナマズは、当時はあまり好まれた魚ではないらしく、『本朝食鑑《ほんちょうしょっかん》』や『当世改正料理大全』には「ナマズは下品な魚なので人前に出す料理ではない」と決めつけているものもある。そのためか、『料理之書』や『食物服用之巻』には、タイやコイを蒲鉾の原料として礼讃しているものもある。

その後、江戸時代に入ってからは多数の原料魚が登場するが、そのほとんどは淡水魚から海水魚にかわっており、『増補食物和歌本草』や『料理物語』には、タイ、ハモ、カレイ、エイ、コチ、アジ、タラなど、今の蒲鉾のなかでも高級な魚を使っていたことが書かれている。

蒲鉾は魚肉をすりつぶし、これに味付けして成型し、蒸したものだが、この種のものにはちくわ、はんぺん（サメのすり身に山イモを加えて練り、熱湯で七〜一〇分間煮たもの）、しんじょ（魚のすり身に山イモ、卵白を加えて練り、湯で煮たもの）、てんぷら（揚げ蒲鉾）、つみれ（魚肉をすって団子のように丸めて蒸したもの）、さつま揚げ、がんもどきなど多種ある。日本には昔から畜肉を食べることがあまりなく、動物蛋白質を魚に求めてきたから、このような魚の練り加工品が多彩に発達してきたのであろう。その証拠に、肉を多食する西欧には畜肉加工品としてハムやベーコン、ソーセージが昔からある。

蒲鉾はこのところ、昔のように売れなくなったという。食生活の洋風化は蒲鉾をはじめとする水産練り製品の消費までも大きく鈍化させることになった。このことは、練り製品の消費量とハム、ベーコン、ソーセージのそれがここ数年のあいだに反転していることからもよく分かる。そのため最近では、蒲鉾を新しい技術によってよみがえらそうと、「かに風味」や「ほたて風味」といった蒲鉾の新製品を開発したため、将来に明るい見通しをつかんだといわれている。水産国日本もここまで来たかの感がある。

ハム

豚のもも肉をハムという。その肉を食塩、硝石《しょうせき》などで塩漬けしたのち、燻煙《くんえん》を行なって特有の風味と保存性を持たせた畜肉加工食品もハムである。だから正確にいえば、ロース（背肉）ハムやショルダー（肩肉）ハムなどは正統なハムではないのだろうが、今日ではもも肉以外の肉でもこのように加工したものを総じてハム（ham）といっている。

肉食を主としてきた西欧の原住民は、肉を乾燥したり、塩漬けしたり、燻煙したりして保存する知恵を昔から持っていたから、紀元前一〇〇〇年ごろにはハムの原型のようなものはすでにあったとされている。またハムやソーセージの矯味矯臭用香辛料は、西欧や地中海沿岸地方に紀元前一〇〇〇年ごろからあったことも明らかにされている。

わが国では奈良時代に、鳥肉や獣肉をそのまま干した「腊《きたい》」という食べ物や、肉を塩水に漬けて発酵させた「肉醤《ししびしお》」などの肉加工の例を見る程度で、ほかに特記すべき肉の加工や保存法は、明治に入って近代国家が歩みだすまでほとんど見られていない。日本人は魚をよく食べる民族で、魚肉の加工技術ははなはだ進んでいたのに、仏教の影響を受けて畜肉をあまり口にしなかった長い歴史のためであろう。

明治維新後は西欧との交流が盛んとなり、食肉の風習も一般化したが、わが国でハムやベーコンが製造されたのもちょうどこのころである。文献によれば、長崎・大浦の片岡伊右衛門が明治五(一八七二)年にアメリカ人からハムの製造法を伝授されてハム工場を営んだのが最初とある。以後、明治六年に北海道開拓使農場にハム工場ができ、翌七年にはイギリス人ウイリアム・カーチスが横浜・戸塚でホテルを経営しながらハムの製造を開始した。その後、ドイツ人からドイツ式ソーセージの製法を教えられ、しだいに食肉加工品は発展していったが、その時点ではまだまだ大衆的な食べ物ではなく、一部上層階級のものであった。第二次大戦に突入するや、ハム、ベーコン、ソーセージの需要と供給は激減し、終戦を迎える。大衆的に広く食べられるようになったのは、戦後の復興を終えた昭和三十年以降であり、今日ではサラダに、サンドイッチに、ハムエッグにと日本人の食卓に毎日のように顔を出す。そして先日、街の肉屋のショーケースのなかにあるこの類の肉加工品を数えてみたら、その店には次のような商品が並んでいて、その種類の多いのに驚いた。骨付きハム、ボンレスハム、ロースハム、ラックスハム、プレスハム、ベーコン、ポークソーセージ、ウインナソーセージ、フランクフルトソーセージ、リオナソーセージ、ボロニアソーセージ、サラミソーセージ、混合プレスハム、混合ソーセージ……。

日本人の考えだした傑作のひとつ、幕の内弁当の常連だった蒲鉾も、最近ではスライスハムにその座が脅かされる現状にある。魚肉ソーセージを発明した日本人は、そのうち蒲鉾ハムを考えるかもしれない。

卵豆腐と茶碗蒸し——カスタードプリン

卵豆腐と茶碗蒸し

わが国には卵料理がいろいろある。ゆで卵を白身と黄身に分け、双方を別々につぶして裏ごしし、砂糖、塩で味付けしてからよくねって、簀《すのこ》の上に布巾《ふきん》と美濃和紙を敷いてその上に白身を伸ばし、別に黄身を伸ばしたのをこれに重ねて一方から巻いたものを蒸し、これを小切りにしたうれしい渦巻卵。卵に好みの肉か野菜を加え、よく混ぜ合わせてからそれをさじですくって熱湯に落としてゆでる露卵《つゆたまご》。ほかに黄身焼き、磯蒸し卵、黄身酢など実に多彩である。

数ある卵料理のなかで、最も知られるものは卵豆腐と茶碗蒸しだろう。この両者は、卵の蛋白質を加熱により変質させてやわらかく固めたもので、きめの細かい上品な味を持つ。卵豆腐は卵一個をほぐしたものに、しょうゆで薄く味付けしただし汁九〇ccを加えてかき混ぜ、どんぶりに入れたまませいろに入れて蒸した、具なしの茶碗蒸しである。口あたりがたいへんにやわらかく、なめらかで上品な味は格別であり、夏に冷やして食おうものならよくぞ日本に生まれけりである。

茶碗蒸しは寒い夜、せいろから出したものを湯気のなかですぐ食べるのが第一で、舌が火傷するほどの熱いものを楽しむべきである。卵を割ってほぐし、この四倍量のだし汁をかつお節と昆布でとり、このだし汁にしょうゆと酒を加え、割りほぐしておいた卵を加えてよく混ぜてからこす。具にはギンナン、クルマエビ、鶏のささ身、かまぼこ、ミツバを用意し、ギンナンは殻をむいてサッとゆで、かまぼこと鶏肉は一センチぐらいの大きさに切っておき、車エビは頭と足をとり殻をむいてから背わたをとり、ミツバはサッと水洗いし、少量のユズの皮をそぎ切って、これらの具をふたつきの器に入れ、卵汁を静かに注ぐ。ミツバは最後にのせて、器にはふたをしないで弱火で一五〜二〇分間蒸してできあがる。

卵豆腐も茶碗蒸しも、卵の蛋白質を熱によって変性させて固めたものである。卵が水を包み込んで全体が一様に固まらなければならないし、やわらかく固まったものが口に入れると今度はなめらかに溶けるようなものとする必要があるから、つくり方が簡単であるように思われるが、コツがいる。上手な固め方を科学的に見れば、卵の濃度がだし汁に対して二〇～二五％（卵一個約五〇グラムに対し、だし汁一五〇～二〇〇グラム）ぐらいのときがよく、蒸し器内部の温度が九〇度Cのとき、碗の卵の温度は約八〇度Cとなり、これが一五～二〇分間持続すれば理想的なかたさ加減となる。

口に入れるとなめらかに溶けるほどきめの細かい茶碗蒸し。その具にギンナン、鶏のささ身、車エビ、かまぼこといった歯ごたえのあるものをわざわざ加える心にくさには、日本人が編み出した日本料理の真髄が見られるのである。

カスタードプリン

口に含むと甘い香りと溶けるようななめらかさを持つプリン。正式名をプディング（pudding）といい、街の洋菓子店で見られるカップ入りのものをカスタードプリンという。鶏卵、牛乳、砂糖を主原料にして、これを蒸焼きにしたデザート菓子である。イギリス人が始祖のこの菓子は、甘味料理としてデザートコースに供されるためにつくられたのが始まりである。一方、菓子でなく料理にもプディングという名のものがあり、ローストビーフの付合せに出るプディングもその例である。なかには牛、豚、ヒツジの生腸詰めでブーダンと呼ぶ一種のソーセージのようなプディングもあるから間違ってはいけない。

菓子のプディングは西欧の代表的蒸し菓子であるから、これにはいろいろなものがある。チョコレートを加えたチョコレートプディング、米飯を用いたライスプディング、プラムを用いるプラムプディング、パンとクリの裏ごしを使ったマロンプディング、各種のフルーツプディング、クリームプディング、そしておなじみのカスタードプディング（プリン）等々。

カスタードプリンは口あたりのよいソフトなプディングで、日本人に最もなじみ深いものである。鶏卵二個に砂糖六五グラムをよく混ぜ合わせ、これに熱い牛乳二二〇ccを加えて手早く混ぜてからこし、次にバニラエッセンスを数滴落とし、これとは別に一五グラムの砂糖を焦がしてカラメルをつくり、バターを塗ったプディング容器四個に均等にカラメルを入れたのち、前の材料を静かに注ぎ入れて一八〇度Cのオーブンで一五〜二〇分焼く。このとき、オーブンの天板に水を入れて蒸焼きとする。

プリンが固まるのは卵豆腐や茶碗蒸しと同じ原理で、卵の蛋白質が熱によって変性し凝固することにある。かたさの程度は、卵豆腐の場合はだし汁の量と加熱温度で決まるが、プリンでは加える砂糖の量か加熱温度で加減でき、一般に砂糖の量が多いほどやわらかくなる。最近では海藻から抽出した多糖類の凝固剤を使用するものも見られるようになった。

プリンを例にしても、西欧には舌になめらかな食べ物がたいへん多く、日本には少ない。ムース、スフレ、ババロア、チーズ、バター、各種クリーム、各種ペースト、ジャム、マーマレード、ゼリー、アイスクリームなど、その一例をあげても賑やかである。日本には卵豆腐、茶碗蒸し、絹ごし豆腐、ようかんなどがあるが、西欧の比ではないようだ。おそらく、日本人は主食が米である粒食《りゅうしょく》民族であって、舌になめらかなものより歯ごたえのあるものが合うのかも知れないし、粉《ふん》食《しょく》の西欧人はよりなめらかなものを食の相性として好んだためなのかも知れない。

味噌汁―ポタージュスープ

味噌汁

味噌《みそ》は日本人にとって貴重な副食物のひとつで、米飯という名の主人のそばにいつも座っている女房である。仏教が伝来したあとに、中国または朝鮮半島から伝承されたという漠然とした説しかない。しかし大豆を原料とする貴重な蛋白食品であるから、古くから日本人の「澱粉多食蛋白僅食型」の食生活には持って来いの副食物であった。

味噌は他の国に見られない独特の香味を持ったわが国独自の嗜好品であるが、それを特徴づける要因はなんといっても麴《こうじ》の使用である。

麹を使用する調味料は中国の一部と韓国の一部に見られるほかは、大半が日本だけである。麹の使用は大豆蛋白質を心ゆくまで溶解し、発酵微生物に格好の栄養源を与える役割をになっていて、得られた製品の香味をより複雑なものとしている。刺し身やてんぷら、すき焼きなどを外国人は好んで食べるが、味噌汁だけは敬遠するようで、それは味噌の香りがいやだからだという。日本人にとっては心の芳香なのだから面白いものである。

味噌は汁とするほか、日本人に欠かせない漬け物の原料としても重宝される。野菜、魚、肉類なんでもござれで、このことは日本人が食べ物を保存するのに味噌を有効な手段のひとつとしていたことがよく分かる。ごはんのおかずに何もないとき、味噌のひとさじ、味噌漬けのひと切れで食がすすむのも米との相性のよさである。

今の味噌はこし味噌であるから味噌汁にすぐ使えるが、昔のものは粒味噌であったから、すり鉢に味噌を入れ、それをすりこぎでよくすりつぶし、布巾でこして使った。その当時、朝になると、味噌をする音があちこちから起こって、実に日本的な情緒があったようだ。

ある食品メーカーが若い人たちを対象に「おふくろの味のイメージ」についてアンケートをした結果が雑誌にのっていたことがあった。このイメージに対して最も多くの票を集めたのが味噌汁で、なんと全回答者の七割近い高いものであった。今日の若い人たちにあてはまる数字ではなかろうが、味噌汁はやはり日本食文化のなかにあって、おふくろの味的存在にあることは間違いなさそうだ。誕生後、いちばん最初に口にする汁物といえば（果汁やベビースープなどを除いては）味噌汁であろうし、現に誕生後一〇〇日目（地方によって一定せず、一一〇日目や一二〇日目に行なうところもある）に行なわれる「お食《くい》初《ぞ》めの儀式」では、箸につけた味噌汁を口に入れてもらった赤ん坊が、それまでの笑顔から急に妙な顔になって周りを笑わせることなどは今日でも見られるほほえましい場面である。

味噌汁の匂いほど日本人の家庭に平和を感じさせ、家族中を落ちつかせ、そして安心させるものはまれである。それは、わが日本人家庭の原点とも言うべき香りであり、日本食文化の中心的芳香である。

ポタージュスープ

澄んだスープをフランス語でコンソメ（consommé）、濃濁のスープをフランス語ではポタージュ（potage）という。スープの始まりは、大きな土鍋に水をはって肉をゆで、そこにいろいろな野菜を入れて煮、肉と野菜を汁ごと食べたのに始まっていて、西欧には昔からそれに古くかたくなったパンをむしって入れ、どろどろにして食べたという記録（さしずめ日本でいう「おじや」に相当する）があるから、スープとパンとは日本の味噌汁と飯ぐらいの関係があったのだろう。

スープの原型はフランス料理にあると見る人も多い。肉汁（ブイヨン）に野菜や魚介類を入れて味の濃いスープ（ビスク）とし、これを基本としていろいろなスープをつくる。一五五七年にフランスの著名な料理人パリッシーがビスクを元にコンソメを考察し、これをレストラン・スープとして店に出していたが、このスープは通《つう》のあいだで評判を呼び、のちにこのスープだけを売り物とした店がパリにできた話は有名である。その後多くのシェフたちにより多様なスープが編み出され（フランスのスープには人名を冠したものが数多くあり、アンリ・カトル、マリー・テレーズ、ポンパドゥール、デュバリー、サラ・ベルナールなどのスープはすべて考案した料理人の名である）、現在フランス料理には四〇〇〜五〇〇種を数えるスープがあって、その材料やつくり方によりブイヨン、コンソメ、ポタージュなどに分けられる。

ブイヨンは牛脛肉《ぎゅうすねにく》を鶏骨、香味野菜で静かに煮てアクを除いたものを澄ませたもので、主に煮出し汁としてスープの材料に使われ、コンソメはブイヨンにさらに牛脛肉、鶏肉、野鳥などと香味野菜、卵白を加え、これを煮つめてから完全に澄ました味の濃いスープのことである。

ポタージュにはクレーム（鶏肉、野菜、甲殻類などを裏ごししたものにソース・ベシャメルを加え、牛乳で味を調えたクリーム・スープ）、ヴルーテ（鶏肉、野菜、魚類などの裏ごししたものに卵黄、クリームを加えたもの）、ピューレ（主材料は野菜、鶏肉、野鳥肉、魚、甲殻類で主材料を裏ごししたものをコンソメでのばし、クレームやヴルーテでつなぎ、また小麦粉やジャガイモなどでつなぐスープ）の三種類があって、いずれも鶏肉、野菜、甲殻類を煮込んで裏ごししたものにソース・ベシャメル（ブイヨンを牛乳でのばし、塩とこしょうで味付けしてからどろりと煮つめたソース）を加え、牛乳や卵黄、小麦粉などをつなぎ材料としたもので、濃味を持った濁り汁である。

ポタージュも味噌汁もともに濁りのある汁であるが、この濁りは味に微妙な役割を果たしている。それは味噌汁をこして澄んだ汁をとり、これをこさぬものと比較してみると格段に味が弱くなってしまうことでよく分かる。その理論は、濁りのなかのコロイダルな状態が舌にデリケートな味を感じさせるからであって、これは濁りの味学ともいうべきものなのだろう。

日本の味噌汁と西欧のポタージュスープ、この二つの取合せに似たものに、日本の吸い物と西欧のコンソメスープがある。スープを飲む目的は胃に脂肪や蛋白質をまず送って胃壁を保護し、熱の刺激によって活発な食欲と消化作用を促すためであり、味噌汁も吸い物もこの意味に近いと考えてよい。どうやら汁物にかぎっては、日本人も西欧人も同じ感覚のようである。

緑茶ー紅茶

緑茶

緑茶はツバキ科の常緑植物で、インドから中国雲南省にわたる山系が原産地とされる。したがって喫茶の起源は中国にあるといわれ、中国の古い本、たとえば三世紀半ばの『広雅《こうが》』には喫茶の方法が具体的に記述されている。それによると、当時湖北と四川のあいだの地方では、茶の葉を固めてつくった磚茶《たんちゃ》とか、あるいは茶葉を砕いてこれを茶碗に入れ、玉ネギ、ショウガ、橙《だいだい》などを加えて飲んだという。その当時はまだ茶という字はなく、「苦」とか「茗」という字があてられていたようで、茶を飲んで楽しむというより解熱、眠気ざまし、心身強壮などの医薬用に使われていたようである。その後、仏教界では酒が五戒のひとつとして戒められたこともあり、飲酒に代わって喫茶が奨励され、一段と普及していった。

わが国では仏教の伝来とともに喫茶の習慣が見られるが、これは遣唐使や留学僧らが中国から茶の実を持ち込んできて、これを寺院やその境内に植えたのが始まりであるといわれる。史書に書かれた最初の茶は、桓武天皇の時代に伝教大師最澄が唐から茶を携えてきて、近江国（滋賀県）坂本に植え、その後すぐに弘法大師空海も帰朝のおりに持ち帰り、肥後（熊本県）や肥前（長崎県）に植えたとされる。

しかし当時、茶を用いたのは上流階級や僧だけであって、その使い方も薬剤の効果を期待してのものであった。喫茶の風習が一般人にまで広がったのは鎌倉時代からで、特に禅僧と結びついた武家階級が茶を精神修養の手段としてとりいれたのがきっかけとなり、その後しばらくしてからは日常生活の嗜好物として一般民衆でも手軽に飲用できるようになった。その茶が、本当の意味で大衆のものとなったのは十七世紀中ごろの元文三(一七三八)年に、山城国(京都府南部)湯屋谷の永谷宗円が今日の茶の形となった蒸し製煎茶を考案してからである。

茶には発酵茶、半発酵茶、非発酵茶の三種があり、発酵茶には紅茶、半発酵茶には中国の烏龍《ウーロン》茶、非発酵茶には日本式の蒸し製のものとして日本緑茶(煎茶、玉露、抹茶《まっちゃ》、番茶など)、中国式の釜《かま》いり製として中国緑茶がある。日本人は長い歴史を通して緑茶一辺倒で、今日の蒸し製式による煎茶は日本以外の国ではほとんど飲まれていない。蒸気で熱して茶葉中に存在する酵素（ポリフェノールオキシダーゼ）の働きをなくして酸化を防ぎ、緑色を永く保存させるのがこの方式の特徴である。米食中心の日本人には、紅茶や烏龍茶は相性があまりよくなく、日本料理の素朴さや気品さに似合う緑茶が自然に選ばれたのである。そして日本人は緑茶を飲むとき、日本人であることを意識する。

紅茶

紅茶の歴史は比較的浅く、はじめは中国で甘茶として飲まれたというが、十七世紀にオランダ人によりヨーロッパに伝わり、イギリス、オランダ、フランス、ロシアなどで愛用されるようになった。したがって日本に入ってきたのは明治の初期になってからで、日本でも製造されたがあまりよいものができないうえに、製造するより輸入したほうが割安であったため、今日ではすべて輸入品である。

日本や中国の緑茶地帯の紅茶樹は、主として中国種、台湾種、日本種であるのに対し、インドやスリランカ（セイロン）の紅茶地帯のものはアッサム種、ダージリン種、アッサム・中国雑種（カンボジア種）などが栽培されている。

紅茶は緑茶と違い、発酵茶である。生葉を陰干しし、水分を発散させて摘葉時の三五〜四〇％まで乾かす。次に揉捻《じゅうねん》機にかけて葉をもみ、形状をととのえてから湿度九〇％以上、室温二五度Cの発酵室で三〇

〜九〇分間寝かせて発酵させる。この工程により紅茶は赤銅色となり、青臭さが消えて芳香が起こってくるから、次に葉を八五〜九〇度Cで乾燥させ、水分四〜五％として製品とする。発酵といっても微生物によるものではなく（したがって発酵という言葉は正しくない）、茶葉に含まれる種々の酵素群の作用により葉の成分を変化させることなのである。

紅茶に近い中国の烏龍茶は、生葉を四〇〜五〇分間日光にあて、ときどき攪拌して均一な萎凋《いちよう》をはかり、次に室内に移して葉の周辺が褐色になり、青臭い匂いが芳香に変わってきた時点で釜《かま》でいってつくられる。

紅茶はなんといっても色と香りである。味は苦味をやわらげ、渋味をかくすために砂糖やレモンを入れる。これに対して緑茶は、色、味、香りの三体がそろわなければならないからなかなか複雑である。

紅茶が西欧人に好まれたのは、パンやクラッカー、ビスケット、クッキーなど粉を原料とした食べ物によく合うこと、ミルクや洋酒（ブランデー、ウイスキー、ラムなど）を入れるといっそう風味が楽しめること、さらに肉、脂質を多くとる食生活に紅茶は舌の表面の脂肪分を除いて口のなかをさわやかにしてくれることなど、彼らの食生活にマッチしたものだからだろう。

嗜好品はその国によって多種多様である。緑茶の日本には米飯、しょうゆ、みそ、清酒、刺し身、てんぷらのような日本料理があって、それらとの相性をいずれも紅茶に置き換えるのは困難であるように、紅茶の西欧にはパン、チーズ、クラッカー、ソース、ステーキ、スパゲッティのようなものがあり、これに緑茶を相性させることはなかなかむずかしい。

調味料・香辛料

七味唐辛子――チリーソース

七味唐辛子

唐辛子《とうがらし》、サンショウの実、陳皮《ちんぴ》（ミカンの皮を刻んで乾燥したもの）、アサの実、ケシの実、白ゴマ、アオサなど七種の香辛料を組み合わせたのが七味唐辛子《なないろとうがらし》で、わが国の食卓に古くから伝わる唯一の混合香辛料である。江戸時代の『近世商賈盡狂歌合《きんせいしょうこつくしきょうかあわせ》』には、「七色とうがらし、神田明神聖堂のところへ見世を出す、文政年中より今に繁盛せり、此《この》七色とうがらしは、輪池翁の著述にも出されしが、女にて当時流行ゆへ爰《ここ》に載たり、としは半百に過たり、弁舌能く廻りて、市川家のうゐろう売のせりふもはだしく、粉唐がらし、昔よりあるべし、七色蕃椒《ばんしょう》は宝暦より明和の初め此よりおこなはれし歟《か》」とあり、宝暦年間（一七五一〜六四）ごろからすでにあったことを記している。

七味唐辛子の主役は、もちろん唐辛子（蕃椒）である。文禄の役（一五九二）のとき、加藤清正が朝鮮から持ち帰ったといわれるが、それより前の天文年間（一五三二〜五五）にポルトガル人が日本に持ち込んだという。それまで刺激の強い香辛料を持たなかった日本人は、たちまちこの香辛料に魅了され、以後は大切に育ててあげてきた。

唐辛子のうち、最も辛さが強烈な「鷹《たか》の爪《つめ》」はいかにも「辛いぞ！」といわんばかりの深赤色を呈し、また、同じ、たいそう辛い「虎《とら》の尾」「獅子《しし》」などもよく知られていて、強烈な香辛料にふさわしい品種名を持っている。食用とするほかに薬効も大きく、古来より食欲増進、健胃、リューマチ、凍傷、猩紅熱《しょうこうねつ》、風邪に効くといわれ、変わったところではその刺激性を利用して腹巻きや足袋などに入れておくとポカポカ温かいという。

七味唐辛子は麺類《めんるい》、鍋物、やきとり、煮込みなど日本の食卓に欠かすことのできないミックススパイスである。だからといって、これをいろいろな西洋料理に振りかけてみてもそう相性はよくない。せいぜいピクルスに似合うぐらいのようだ。だから、いつまでも日本の味ににらみをきかせる存在なのであろう。

七味唐辛子に用いる唐辛子粉は、干した唐辛子をそのまま粉末にした辛味の強烈なものと、これを一度焙煎《ばいせん》して辛味を弱めたものがあるが、「大辛《おおがら》」という最も辛いものは焙煎しない唐辛子の粉末を七味配合の際に極端に多く入れたものである。

居酒屋や愛想に植えし唐がらし

居酒屋が手軽な酒の肴《さかな》として店の周りに唐辛子を植えたという、なんとなく庶民的な一茶の句である。

チリーソース

チリーソース（chilli sauce）は唐辛子の辛みの効いたソースで、それにいろいろな香辛料が加えてある。トマトの皮をむいて刻み、それを粗くくだいて濃縮したものに食塩、各種香辛料、食酢、糖を加えて調味し、さらにこれに玉ネギ、ニンニク、セロリ、ぶどう酒などを加えてでき上がる。チリーソースに似たものにチリソース（chili sause）があるが、こちらは皮をむいたトマトを適当な大きさに切断して煮つめたものに、多種の香辛料を加えたもので、果肉の形態の残ったケチャップのようなものである。チリーソースの代表的な例は、商品名をタバスコといって市販されているからご存じの方も多いだろう。

チリーソースを例にしても分かるように、西欧の料理やソースには驚くべき種類の香辛料を使う。それは外国を旅行するといつも食事どきに気づくことであるが、食卓の上は香辛料（スパイス類）であふれ、また台所や調理室をのぞいてもそれらが多数目につく。ペッパー、アニス、ベリーフ、シナモン、クローブ、フェンネル、メース、マスタード、パプリカ、サフラン……など、いくらあげてもキリがないが、日本では極端な言い方をすればしょうゆだけが食卓にデン！　と座っていて実にさっぱりしたものである。

では、西欧ではどうして香辛料を多く使い、日本では無くてすむかを考えてみると、その理由のひとつは日本の場合、しょうゆ、みそ、漬け物（みそ漬けやたくあん漬け）など日本特有の匂いものが食卓にいつも出てくるからで、これが実は日本人の食欲増進の「香辛料」となっているからだろう。だから、漬け物のことでさえ「香々《こうこう》」とか、「香《こう》のもの」という。第二の理由は、西欧人は肉を多食するが、いつも同じ肉の味であってははなはだつまらない食生活であり、そのうえ肉の種類によっては特有の獣臭を持つものもあるから、スパイスを使ってそのクセを覆い隠す必要があるからだろう。そして第三の理由は、西欧人と日本人の匂いに対する評価の違いにあるようで、日本人は西欧のスパイスを称して「なんとなく薬くさい」というし、日本の漬け物をして彼らは「くさくてかなわぬ」という。おそらく、この嗜好の違いは今後ともそう急に融合するとは思われない。

日本の代表的な香辛料は、唐辛子、ワサビ、サンショウ、ショウガ、ミョウガ、シソ、セリ、ミツバ、ウド、ネギ、ユズなどだが、これはどう見ても西欧料理よりははるかに日本料理向きであり、西欧香辛料であるセロリ、こしょう、洋がらし、レモン、アニス、サフランなどはこれまたずっと日本料理向きではないのだ。それは、日本の香辛料の風味は日本料理の材料や調味料（しょうゆやだし）、そして素朴な美しさに合うものばかりであり、西欧の香辛料は肉料理やスパイシーな煮物に充分こたえうるものでなければならないからである。

塩魚汁

塩魚汁《しょっつる》は魚醤油《うおびしお》（魚醤《ぎょしょう》）の一種で、その歴史はたいへんに古く、中国から今のしょうゆの原型が導入される以前から、わが国ではすでにつくられていたとさえいわれる。

代表的な秋田の塩魚汁は、主としてハタハタの鮮魚を原料とし（地方によってはイワシ、コアジ、アミ、コウナゴなどを用いる場合がある）、これに飯《めし》、麹《こうじ》、塩を加え、さらにニンジン、カブ、昆布、ユズなどの風味物も混ぜ込んで樽《たる》に漬け込み、ふたをして重石で密閉する。

普通物で一年から三年、上等物で五年から七年も漬け込むが、この期間、麹の酵素がまず作用して米麹ちゅうの澱粉をぶどう糖に、原料魚の蛋白質をうま味の主成分であるアミノ酸に転換してからは、しだいに乳酸菌を中心とした細菌や酵母がこれに繁殖し、酸をつくりながらかすかに発酵が進行して、特有の匂いを持つ調味液が完成する。漬込みのさいには魚の生臭みが強くあったものが、数年経てできあがってみるとそれがまったく消失し、香味に熟成のバランスがとれて、円熟した調味料が誕生する。もはや魚や他の材料の形などみじんもなく溶けてしまって、名のとおりの塩魚汁となってしまう。

塩魚汁の匂いは、お世辞にも芳香とか食欲香といえるものではなく、むしろ不快臭ととらえて敬遠する人も多い。ところがハタハタ、タラ、タイ、イカ、エビなどの魚類を鶏肉、ハクサイ、豆腐などの具とともに鍋に入れて、塩魚汁で調味すると、それらの材料と調和して、抜群のうま味と芳香を発するから不思議である。この秘密は、塩魚汁の原料魚から溶出したアミノ酸やペプチド、核酸が塩魚汁のなかに含まれていてうま味を演出することと、塩魚汁特有の匂いが鍋で煮込む魚の生臭みを包括して消してしまう効果があるからで、われわれにたまらぬ珍味香を与えてくれる。

東南アジアを中心とする一帯には、いわゆる魚醤と称し、塩魚汁に似た調味料があるが、これらは雑魚を食塩水に長く漬け込んだ簡単なものばかりで、わが国の塩魚汁のような複雑な味と匂いを持つものは少ない。おそらく日本の塩魚汁は、原料の一部に米麹を使うという日本食文化の原点的手法をたくみに取り入れていることが、この風味上の差を決定づけているのだろう。

塩魚汁は秋田県の名産だが、ほかに香川県の玉筋魚《いかなご》じょうゆ（イカナゴを塩漬けにして熟成させ、その汁を布でこしてつくった魚醬）、富山県や能登の魚汁《いしる》（イカの内臓を塩漬けにしたもの）なども名高い魚醬である。これら一連の魚醬の歴史はたいへんに古く、『万葉集』にまで「楡《にれ》の皮をはいで日に乾かし、これを臼《うす》で搗《つ》いて粉にし、その中にカニを搗き混ぜて濃い塩水を注ぎ、これを賞味していた」とある。古くから海の国日本の大切な調味料だったのである。

アンチョビーソース

アンチョビー（anchovy）とはカタクチイワシの英名で、この魚は世界各地の海に生息しており、日本でも最もなじみ深い魚のひとつである。わが国ではあまりに獲れすぎるので、食用よりむしろ魚粉にして配合飼料の原料にしているほどだが、西欧では昔からこの魚を塩蔵してアンチョビーと称して食べ、またこれを油漬けの缶詰、オイルサーディンにして大切に食してきた。アンチョビーは頭と内臓を除き、これを塩、砂糖、スパイスで漬け込み、数か月の熟成を経てから食卓に供する。

日本ではこのカタクチイワシの新鮮なものを、指で三枚におろしてから酢みそで食べるが、これがたまらなく美味で、またすりつぶしてつみれにしても好まれる。一方、みそ汁や煮物などは煮干しでダシをとるが、これもカタクチイワシの恵み物であり、さらに小さな稚魚はしらすぼし（ちりめんじゃこ）としてだいこんおろしが添えられ、またたたみいわしとして珍重する。

西欧に見られるアンチョビーソースは、わが国の塩魚汁のような調味料の一種で、新鮮なカタクチイワシの頭と内臓を除いて塩漬けし、これに重石をかけて半年以上熟成させる。その後、温湯ちゅうでうろこや皮、骨を除き、肉はさらにチョッパーにかけられ、裏《うら》ごしされて魚汁を得る。これは一度煮立ててからコーンスターチ（トウモロコシ粉）、こしょう、多種の香辛料を加えて製品とする。使い方は魚肉料理のソースや味付けとして幅広い。アンチョビーソースはこのように、その製法から使用法に至るまで日本の塩魚汁に酷似するのである。

アンチョビーソースといえば、西欧ではアンチョビーペーストも知られるところである。カタクチイワシの皮をはぎ、頭や骨を除いたものをチョッパーにかけ、これに澱粉や白こしょう、ニクズク、カレー粉、バターなどを加えてからよくすりつぶし、これを裏ごししたもので、さしずめわが国のイワシのつみれのペースト版である。パンに少し塗ったり、オードブルに添えられたりして食される。

さて、わが国の塩魚汁と西欧のアンチョビーソースはたがいにたいそう似たものであると述べたが、その違いについても少しふれておかねばなるまい。塩魚汁は主にハタハタやイワシの鮮魚を使い、これに塩のほか飯や米麹、さらに昆布、ユズなどを加えて数年ねかせ、その間、微生物の発酵をうながすが、アンチョビーソースはカタクチイワシにかぎられ、西欧風の香りの強い香辛料で塩蔵される。したがって塩魚汁は特有のコク味を有するうえ、微生物のつくった匂いが日本人好みの不精香《ぶしょっか》（漬け物、納豆、くさやの干物などに共通するある匂い）を持つので日本料理によく合うのに対し、アンチョビーソースにはこの匂いがまったくなく、魚臭も消えて香辛料の匂いが主となる。西欧人は、日本食の大切な匂いのひとつである不精香を決定的に嫌うからである。

山葵―西洋ワサビ

山葵

山葵《わさび》はアブラナ科の多年生水生草本で、純然たる日本原産であるから学名も *Eutrema wasabi japonica* という。山葵という字は、葉が葵《あおい》に似ているところからきており、水の清い冷涼なところに自生するのを沢《さわ》山葵（水山葵）、畑でつくるのを畑山葵（陸《おか》山葵）という。根にある上品な香りと辛味が重宝されるが、九〜一三度Cという冷温な気候を好み、直射日光を嫌ううえに、沢山葵の場合は清流を必要とするほか、生長が著しく遅いためにたいへんに高価な香辛料となる。後堀河天皇の時代（一二二一〜三二）の『著聞集《ちょもんしゅう》』に野生山葵のことが詳しく記されているほか、江戸時代の『和漢三才図絵《わかんさんさいずえ》』には「蕎麦《そば》の薬味に山葵は欠くべからず」とある。

山葵のいのちは何といっても上品な特有の香辛にある。特に山葵の香りと辛さには生魚の生臭みに対しててきめんな効果があって、生臭みをたちまち香りよいものにしてくれるから、根の部分をすりおろして刺し身、すし、茶漬けなどに珍重される。また茎や根を細かく切り、塩漬けしたあと、酒粕に漬け込んだ山葵漬けも「ツン！」と鼻にきて涙を出すあたり、日本人の心の香辛料というべきものである。

山葵は日本原産であるから、わが国の気候と風土にたいへんよく合致して生長するが、前述したとおり水温と清流が栽培の決め手となるから、どこででもできるというわけではない。渓流式、地沢式、平地式、畳石式、ビニール式などそれぞれに工夫をして栽培している。はじめは自生したものを野山の谷あいから採って来て売っていた商売があったが、安永年間（一七七二〜八一）に伊豆の清流で栽培が行なわれたのを最初とし、今では静岡県のほか福島県、長野県、島根県、山口県、奈良県、広島県などでも生産されている。

山葵の香辛には特有の揮発性があるから鼻に「ツン！」とくるが、このような特性はとうがらしにはない。「ツン！」の原因は、山葵をすりおろすとき、そこに空気が介在すると、山葵のなかに含まれる配糖体がミロシナーゼという酵素によって分解されて、アリルチオシアネートという揮発性の辛味成分ができてくるからであって、山葵をおろすときはじっくり時間をかけてゆっくりと行なうほど香辛が強くなる。

山葵が日本の料理に合う最大の理由はしょうゆの存在だろう。しょうゆがあることは生で魚を食べることを可能とし、同時に山葵本来の風味がこれに相乗することにもなる。「山葵じょうゆ」という言い方が普通に呼ばれるのもこのへんの食の相性であって、アッアッのごはんに山葵じょうゆはたまらぬ食欲を呼ぶが、これが山葵にソースであったり、ドレッシングであってはうんざりするというものである。

西洋ワサビ

日本の代表的な香辛植物である山葵は、しばしば西洋ワサビと比較されることがある。たがいにその辛み成分がアリル芥子《からし》油であることと、根茎をすりおろして使用することは共通するが、前者は冷涼な清流水で栽培されるのに対し後者は畑でもよく、またその香気は山葵では新鮮な緑の印象を思わせるのに対し、西洋ワサビのほうは少々ダイコンのような匂いを持つ違いがある。

西洋ワサビはヨーロッパの原産であるが、わが国には明治の初期に入ってきた。当時は主にソースの原料に使われたり、ローストビーフの付合せに用いられたりしたが、その後漁業技術の向上に伴う水揚げ高の増加で刺し身を大量に消費する時代となってからは、山葵の代用として広く用いられるようになった。その西洋ワサビが、飛躍的に消費されるようになったのは、粉状にした「粉《こな》ワサビ」の登場にある。

安価であるうえに長期間の保存がきき、台所に気軽に置けることもあって愛用されたのである。今日でも魚屋やスーパーマーケットで刺し身を買うと、決まって緑色の練ったものか粉末が添えてある。すりおろした本物の山葵には遠く及ばぬが、辛味といい、鼻にくる感覚といい、そしてしょうゆと相性よくなじむのが何よりもよい。根を薄く切ってから低温で乾燥し、これを微細な粉末にしたものだが、根の色は白いからこれに緑色を着色して製品とする。このごろでは練ったものが小さなビニールの袋に詰められたり、チューブ入りのものも登場しているから重宝である。刺し身のほか、かまぼこ、そば、ひやむぎ、茶漬けによく合うが、西欧の香辛料がこれほどまで日本料理に相性がよいのもたいそう珍しい。

山葵や西洋ワサビと同じようにアブラナ科の植物で、広く西欧料理に用いられる香辛料に洋がらし（マスタード）がある。おでんや納豆の薬味とするあの黄色の辛いやつである。アブラナ科カラシナの種子を乾燥し、脱脂したのち粉末にして、着色してから用いる。日本料理に合う洋がらしの用い方は、薬味のほか、からし酢やからし酢みそにしてから和え物に添えられるのが多く、なかでも小ナスのからし漬けは傑作のひとつである。山形の民田《みんでん》ナスのような小型で色のよいナスを塩漬けし、少し日に当て、これにアク抜きしたからし一キログラム、焼酎一〇〇cc、酢五〇cc、しょうゆ五〇cc、砂糖一〇〇グラムの割合で調合した漬け床に漬け込んで二、三週間後に食べるこのからし漬けは、何となく日本的な味わいのなかに洋風な色彩があり、和洋折衷のような漬け物で好評である。

米酢—ビネガー

米酢

酢は応神天皇（四〜五世紀）のころ、中国から伝来してきたといわれ、和泉《いずみ》の国（大阪府）でつくりはじめられたことから「いずみす」という言葉で古文書には見受けられる。これが本格的な生業《なりわい》になったのは江戸時代に入ってからで、すでに江戸中期には数軒の酢屋が京坂・江戸で商っていた。

酢はその原料から穀物酢、果実酢および合成酢に分けられるが、日本古来の伝統的な食酢は米酢である。米と麹《こうじ》と湯で甘酒をつくり、これを放置しておくとそこに空気中に生息する酵母が侵入して発酵を起こしアルコールが生じる。さらにそのままの状態で待つと、今度はこれに酢酸菌が繁殖して酢ができる。これが米酢の原型で、今日では純粋培養の酵母や酢酸菌を加えて優良な製品を得ている。

酢は水素イオン濃度（pH）が低く、強い酸性を示すから、たいていの微生物はここで生きることができない。すなわち酢は防腐の効果を持つから、日本人はこれを、はじめは食味としてよりは食べ物の防腐や保存のために使っていたようだ。単に塩で保つ方法もあったが、それよりはいちだんと風味をつけることのできる酢で長もちさせようと、魚介類やすしに利用したのである。だから古い書物には、その酸味と保存性が梅の実や梅干しに似ていたことから、「塩梅《あんばい》」という字をもって食酢にあてていた事実もある。この点、わが国の酢は西欧人の食酢の使い方や嗜好性といくぶん異なる面を持つ。その後日本人が酢を多く消費しなかったのは、酢に代わる梅の実や梅干し、ユズ、橙《だいだい》などがあったからで、大量に消費されはじめたのは近年になってからである。

酢を用いた日本の代表的な料理の第一はすし飯《めし》である。普通は、白米を炊いて熱いうちに合せ酢を振りかけてよく混ぜて使う。地方によっては、合せ酢を炊き水の一部として入れて炊き込む方法も行なわれてきた。いずれにせよ、こうすることによって白飯は粘りが強化されるうえに保存性が高まるから、米酢にはちょうどよい関係が生じるのである。

なますは日本の酢料理の代表的なもので、わが国調理法の最古のもののひとつである。語源の「なま」は生、「す」は「酢」のことで、生魚の肉を細く切って酢に漬けたからこの名がある。酢によって、保存とともに消毒（殺菌）ができ、そのうえ、魚の生臭みを消去させる（魚類の生臭みの主要成分はアミンを主体とした揮発性塩基化合物であるから、酢の酸で中和されて消えてしまう）効果を持つ。ほかに酢を用いた和え物にカキ、ナマコ、クラゲ、モズクの二、三杯酢、アサリ、イカ、マグロとネギ、ワケギのぬたは、いずれも酢の風味を期待するとともに生臭みを消すことに主点を置く。こうして米酢は、日本料理の真髄を語るもののひとつとして不可欠の調味料となっている。

ビネガー

日本では西洋酢を指してビネガー（vinegar）という。フランス語のビネーグル（vinaigre）に由来するが、vinは「ワイン」、aigreは「酸っぱい」の意味を持つ。この語源からも分かるように、ワインを酢酸菌で発酵させるとワインのなかのアルコールは酢になるから、ビネガーの歴史はすなわち酒の歴史でもある。酒の始まりに定説はないが、遺跡の壁画などから見て、紀元前五〇〇〇～四〇〇〇年の昔にはすでにワインはできていたと見て間違いなく、したがってビネガーもそのころにさかのぼり、今から六〇〇〇～七〇〇〇年も前の誕生ということになる。

ビネガーには多くの種類がある。それを原料から分けると、穀物を原料とする穀物酢（日本は米の酢であるが、西欧は大麦、小麦、トウモロコシなどの穀物を麦芽で糖化したものを原料とするから麦芽酢ともいう）と、リンゴ、ブドウ、プラムなどの果物を原料とする果実酢に分けることができる。

ビネガーは蛋白質を多く摂取する西欧人の食形態に合致して、昔から日本人とは比較にならないほどの量を消費する。料理にはもちろんのこと、漬け物といえば西洋ではほとんどがピクルスやザウワークラウトのような酢漬けであり、また生魚を食べない西欧人も酢漬けにしたものならそのままでも好む。マリネというのは、魚介類や肉をビネガーと油を半々に混ぜた酢油に浸しておき、これに少々の塩と香りを持つ野菜を加えて食べるものだが、このとき、酢はかたい質の肉をやわらかくする作用を持っているから、肉を多く消費する民族の知恵のひとつでもある。

ここ数年の酢の消費量を日本人と欧米人で比較してみると、日本では一人当りの年間消費量（酢酸五％の食酢に換算）は昭和四十五年一・八リットル、五十年二・三リットル、五十五年二・五リットル、平成十年には何と三リットルを超した。これは、家庭料理での消費の伸びばかりでなく、マヨネーズやドレッシングといった加工品での需要も拡大したためだが、アメリカでは六リットル、デンマーク、西ドイツでは五リットルで、その消費量にはまだまだ差がある。彼らは食酢を料理の調味として使うほか、酢は健康によいという考えがあって、はちみつやシロップを加えて飲みやすくしたバーモント酢などもあり、飲用としても多くの量が消費されている。最近、わが国でも酢の効用を唱える人が多くなってきて、飲む酢も登場してきた。日本人の近年の食の洋風化は、酢の消費量からもはっきりと現われてきている。

醤油─ウスターソース

醤油

醤油《しょうゆ》がいつごろつくり出されたのかは定かではなく、その原型である「比之保《ひしお》」は約二〇〇〇年前の弥生式文化時代から大和時代にかけてつくられたと言われている。この「比之保」には「草比之保」「魚比之保」「穀比之保」の三種があり、いずれも塩漬けにした発酵食品であるが、欽明天皇の時代（五三一～五七一）に仏教が伝来し、肉食を敬遠する風潮から菜食の味付けとして発達し、平安時代には広く一般にまで普及することになった。

この「比之保」は「醤」の字に当たることから、「ひしおゆ」すなわち「しょうゆ」となったらしい。「比之保」の製法についての古い文献には「麦、麴《こうじ》、豆、米を寝かせて塩を混ぜてからよく攪拌《かくはん》してつくる」とあり、その用途については「野菜、肉、魚を漬ける料なり」とも記述されているから、おそらくはじめは蝦醤《かしょう》や魚醤のように魚介の塩漬け汁だったものだろう。

「比之保」が醤油と呼ばれるようになったのは室町時代の末期とされ、今日の醤油の原型はほぼこのころにつくられたようである。

世界的に有名なフランスのパスツール研究所は、微生物に関するあらゆる研究の巨塔として著名である。この研究所では、日本の食文化をよく知った研究者同士が年に一度集まって「日本食の日」というものを楽しんでいるという。彼らはこの日、てんぷらやすき焼きといった特に手の込んだ日本料理などは一切つくらずに、電気炊飯器でごはんを炊き、アッアッのそれにバターをのせて、その上に醤油をかけて食べるだけという簡単な食事を最高の楽しみとして味わっているのだと聞いた。醤油の香ばしい匂いとバターのコク味、これに飯の風味が伴っておりなす味と香りの共演に、しばし酔いひたって、エキゾチックな思いを味わうわけである。

そういえば最近のテレビの料理番組で一流ホテルの有名なコック長が、近ごろの外国人客の最も好むステーキの食べ方は、神戸肉や松阪肉を使ってステーキにし、これがジュージューとまだ大声で鳴いているときに大きめのバターをのせて溶かし、これに醤油をかけて食べる方法に人気が集まっていると話していた。すでに今日、アメリカでは日本の大手醤油メーカーが巨大な醤油工場を建設してフル操業し、アメリカのほとんどのスーパーマーケットでは普通に醤油（ソイソース）を手にすることができるほど、醤油は世界の調味料として発展してきた。

したがって醤油に関するかぎり、これは日本で誕生し、この国にあって発展し、ウスターソースやドレッシングのような西洋の調味料に負けることなく、むしろ海を渡って世界各国の食卓にまで進出している力強い調味料ということになる。その証拠に、最近では「醤油サラダドレッシング」や「醤油味ステーキのタレ」「バーベキューソース・醤油味」などの新製品がぞくぞくと登場し、従来では考えられなかった西洋食への醤油調理法が今では少しもおかしくなくなってしまった。

ウスターソース

ソースとは本来、西洋料理に使われるさまざまなかけ汁の総称で、野菜や果実の搾り汁、肉の煮汁などを加えて塩やワインで調合したものである。西欧には原料の選択や調合の仕方などによってさまざまのソースがあり、優に二〇〇〇種は超えるといわれている。その名は塩を意味するラテン語サルスに由来する。

数あるソースのなかで日本の食卓で最も幅をきかせているソースは、ご存じウスターソース（Worcestershire sauce）である。このソースはじめイギリスのウスターシャー州のウスターという町でつくられていたタイプのソースであるが、明治二十七年ごろから日本に伝わってきた。当時、わが国の食卓調味料といえば醤油以外何も知らない時代であったから、このよそもののウスターソースには「薬臭い」とか「舌がしびれてかなわぬ」などとケチがつけられ、広くは普及しなかった。

やがて肉を食べる機会がしだいに多くなり、西洋料理が少しずつ街に出はじめた大正期に入ると、いわゆるハイカラ族が好んでこれを用いるようになった。日本人が西洋料理にやたらにソースをかける癖がついたのもこのころからで、日本料理に醤油をジャブジャブと振りかけて食べる習慣が出たからである。だが、ここには食に対する認識の薄さから出た日本人の「西洋コンプレックス・アンド・西洋カブレ」という複雑な弱点を見ることができるのであって、西洋料理によっては醤油のほうがずっと合うほうが多いことを知るべきであった。

その後ウスターソースは、日本人の口に合わせるため、「日本風ウスターソース」と銘打って醤油をベースとした和洋折衷のソースも登場したが、今日ではトマト、玉ネギ、ニンジン、昆布などで母液をつくり、これにトウガラシ、ショウガ、ウイキョウ、セロリ、ベリーフ、タイムなどの香辛液を加え、砂糖、食塩、アミノ酸、酢などの味付け液でまとめたものが主流となった。ところが最近、「和風バーベキューソース」「バーベキューのタレ・和風」などと称して、昔あった醤油味のウスターソースが人気をとりもどしはじめてきた。日本人とは、食に関するかぎり大分気ままであり、おおらかのようである。

山椒—胡椒

山椒

山椒《さんしょう》を英名ではジャパニーズ・ペッパーというが、それは日本特産の香料植物のためで、日本ではしゃれて「香り葉」ともいう。いい名である。葉、樹皮、実、花すべてに匂いを持つから、いろいろな日本料理に使われる。葉や黄緑色に光る若芽はみそ和《あ》えや吸い口、酢の物などに添えられ、花は焼き物や煮物のあしらいや吸い物に一輪浮かして素朴な美しさ、そして実は乾燥粉末にして蒲焼《かばや》きや吸い物にパラパラまくと価値ある香辛料となる。また七味とうがらしの有力な一員として重宝され、樹皮も香辛の原料として大切である。だから山椒は「香り木」としたほうが適当なようで、昔からすりこぎには持って来いの材料となっている。かたい凸凹があって握りやすく、そしてなんといってもすり鉢でこするとき、普通の木では不可能な香気をかすかに発するところがよい。

山椒は薬効植物としても名が高く、「悪気を下し、宿食を治し、胸《きよう》膈《かく》をゆるめ、虫積《ちゆうせき》を逐ひ、肺を温め、胃を健にす」とか、「解毒、殺虫、殺菌、防腐に効あり」などと昔から言われてきた。

山椒の食し方は木の芽みそが最も有名で、新芽をまずすり鉢ですりつぶし、これに白みそを入れてすりまぜながら、砂糖、だし汁、みりん、日本酒、卵黄を加えてつくる。緑が美しく、香りが上品な喜びみそで、豆腐、こんにゃくなどの木の芽田楽《でんがく》にしてなおいっそうの微笑となる。また吸い物、とりわけ潮汁《うしおじる》のような生臭いものを具とするものには、葉を手に広げて「パン！」とたたいて浮かべただけで、生臭みを一転して春うれしい緑の香りに変えることができる。

山椒の実は粉にして香辛料となる点が胡椒《こしょう》と同じである。しかし、胡椒のようにどこか西洋風の匂いと辛味が強いのとは反対に、なんとなく日本の山の緑の匂いをただよわせ、淡い辛さを持つことは、やはり日本料理とは絶妙に呼吸の合った相性があるのだろう。だから、うなぎの蒲焼きに胡椒が合うはずはないのである。

山椒に含まれる特有の芳香成分はサンショオールという化合物で、実に複雑な成分である。この成分には小魚や昆虫などを殺す作用があるから、日本人は古くからこの葉木を有効に使っていた。小魚を川面に浮かせる漁のほか、回虫なども下すから少量を煎《せん》じて虫下しにしたようだ。また食べ物の保存にも利用しており、奈良時代の古文書には山椒葉をいろいろな煮物や漬け物にのせて日もちさせていたことが述べられている。実に純粋でさわやかな日本原産の香り木である。

胡椒

胡椒《こしょう》（pepper）はインド原産の蔓性《まんせい》常緑低木で、コショウ科の植物である。高さ三メートルにもなり、五、六月ごろ白い花を開き、のちにここに豆状の種子をつけるが、これを乾燥して粉末にすると粉胡椒となる。南部インド、マレーシア、スリランカ（セイロン）、ボルネオ、西インド諸島、中南米の一部などの熱帯地方で多穫される。
肉を多食する西欧人は、胡椒を知ってからこれにたまらぬあこがれを抱くことになる。胡椒は肉の獣臭を消し、上品な食欲香をつけ、快い辛味を持たせるなどの効果を持つから、彼らをとりこにしてしまったのである。胡椒を知ってからというもの、西欧料理では胡椒は塩と並び称されるほどになったから、その確保にはたいへんな執念を燃やすことになり、十六世紀後半から十七世紀のオランダやイギリスの東インド会社の例のように、その植民地政策が主として胡椒を中心とした香辛料や茶の確保にあったことは有名な話である。

日本に胡椒が入ってきたのは南蛮貿易の盛んなころ、オランダ人によってもたらされたが、日本料理にはあまり合わなかったこともあって、一部の人の使用にとどまっていた。当時の用い方は、肉に振りかけて食べることをオランダ人から教えられたので、イノシシの肉に振りかけたり、鯨肉にまいたりしたが、変わったものでは江戸時代、みそ仕立ての牛肉煮に胡椒を振りかけて食べた記録もある。だが、今日のようにふんだんに胡椒を用いるようになったのは、食生活が洋風化してきた昭和三十年以降である。

胡椒には黒胡椒と白胡椒とがある。前者は成熟前の胡椒実を乾燥したもので、黒くてしわがある。これを粗びきにしたり、粉末にして用いる。後者は成熟した実の皮を洗ったり、機械で取り除いたりして残った種子を乾燥したもので、色が白く、黒胡椒に比べて香味はきつくない。白と黒を混ぜたものもあるが、食通に言わせると黒のひきたてを最良とする。また、日本人向けの胡椒として、白黒を混合し、これに蕎麦粉《そばこ》を配合したものもある。そばをひくとちょうど白黒胡椒に似た色合いとなるから好都合という。いかに日本人の口に合わせようかという、涙ぐましい話である。しかし、純粋な日本料理には今日でも胡椒は合わぬようである。

酒類

日本酒―ワイン

日本酒

日本酒はわが国の伝統的致酔《ちすい》飲料であり、日本の歴史の流れとともに歩み、育ってきた。五世紀初頭に中国から百済《くだら》を経てその技術が伝わってきたとの説もあるが、当時の中国の酒は『北山酒経』や『斎民要術』（いずれも中国の古書）に見るかぎり、日本の酒づくりとはたいそう異なっており、日本酒はわが国古来の技術により生まれ発達したものであろうとの見方が最近では有力である。

中国の酒も日本の酒もカビを使って麹《こうじ》をつくるが、中国の酒はクモノスカビであるのに対し日本の酒はコウジカビで行なうこと、また中国の麹は餅麹《もちこうじ》といって原料穀類がクモノスカビにおおわれ大きな塊の麹であるのに、日本の麹は米粒が一粒ずつ麹となっている、いわゆる散麹《ばらこうじ》であることなどに相違点が見られる。

奈良時代の『播磨国風土記《はりまのくにふどき》』に麹を使って酒をつくることが書かれているから、このころにはすでに今日の酒づくりの原型があったと見てよいだろう。そして大和朝廷が強力な政治的支配権を持つころは、産業も朝廷中心であったから、当然酒づくりも朝廷の仕事であった。大宝期（七〇一〜七〇四）には朝廷内に造酒司《さけのつかさ》という組織があって、造酒正《さけのかみ》が酒づくりの仕事に従事していたことは『令集解《りょうのしゅうげ》』に明らかにされている。その後、時代が平安から鎌倉、室町に移るにつれて、朝廷での酒づくりは寺院や神社の手に移り、さらに民間に移っていった。

酒は、発酵液をそのまま飲む醸造酒と、それを蒸留してアルコール濃度を高めた蒸留酒との二種に大別されるが、日本酒は前者である。この醸造酒には日本酒のほかに、洋酒ではビール、ぶどう酒、シェリー酒などがあるが、日本の清酒がそれら西欧の醸造酒と最も異なるのはアルコールの含有量で、ビール四〜五％、ぶどう酒一二〜一三％であるのに対し、清酒は原酒で二〇％もあり、醸造酒の仲間では世界一アルコール度の高い酒である。

その理由のひとつは、原料の一部に麴を使用することにある。麴に含まれる糖化酵素は原料米の澱粉をぶどう糖に変えていく（糖化）一方、そのぶどう糖を酵母がつぎつぎとアルコールにしていく（発酵）という、糖化と発酵が同時に進行していく（これを並行複発酵という）世界に他例のない（中国の酒づくりに一部見られる）特殊な発酵方法で酒づくりが行なわれているためである。

清酒が他の国の酒と大きく異なる点はまた、原料や飲み方にも独自性を持つことである。米を原料とする酒は世界に他例がほとんどないこと、麹カビを使う酒づくりは世界中でも日本だけであること（中国や他のアジアの国々の酒も麹はつくるが、その大半がクモノスカビである）、そして燗《かん》をして温めて飲む酒も世界の酒のなかではたいへんに珍しいことなのである。

ワイン

人類がいちばん最初に飲んだ酒は果実酒である。果実はたいがい甘い糖を含むから、これをそのまま放置すれば、自然界に生息する酵母によって発酵してアルコールができるから、すでに「無人為の酒」は有史のはるか以前に誕生していた。それを飲むことによって起こる陶酔感はなにもかも超越するほどの神秘性があったから、人はこれに無量のあこがれを抱くことになった。特にブドウのように、穀物を持たぬ時代の古代人が貴重な炭水化物源として重宝していた果物は、それを入れる容器さえあれば果皮に付着している多数の野生酵母の働きを容易に受けて発酵するから、これを多量に飲むことができた。そして酒の魅力にとりつかれた古代人は、次には野生のブドウをたくさん採ってきたり、住居の近くにブドウの木を持ってきて植え、意識的に酒をつくるようになった。これが「人為の酒」である。

ワイン（wine）は今日、世界で最も多くつくられ飲まれている酒である。人類がはじめてつくったこの酒は、今日では工業的規模で工場を持つ国が約六〇か国にも及び、一九八二年には年間三六〇〇万キロリットルも生産されている。このうち八〇%という圧倒的量がヨーロッパ大陸で生産され、アメリカと中南米で一五%、残りの五%をアジア、アフリカ、オセアニアがつくっている。世界のワイン生産量から見たら、わが国のワイン消費量ははなはだ微々たるものである。

わが国でも、有史以前の酒は果実酒であったことに疑う余地はないが、中国の『魏志東夷伝《ぎしとういでん》』に、わが祖先の倭人《わじん》について「人性酒を嗜《この》む」とあって、大和民族は酒好きの民であったことが書かれているが、その酒の原料が何であったのかは明らかではない。『日本書紀』には須佐之男命《すさのおのみこと》が「衆果をもって酒をつくった」という記載があり、これが果実の酒だとすると、『古事記』には「米を原料として酒を醸した」という記載があるから、この時代はどうやら果実酒と穀物酒の両方がつくられていたようである。

その後、長い日本の酒の歴史のなかで果実の酒は自然に消えてゆき(もちろん、まったくなくなったわけではないが)、米の酒ばかりとなってしまったのは何故なのか、たいへん興味があり、不思議な話である。おそらく、日本人の主食は米であったから、常に手近にある米が酒の原料として好都合であったことと、煮た米にカビと酵母が付いて自然に酒ができたことを知ってからは、容易に大量の酒がいつでもつくれるようになったからであろう。また、わが国にはブドウを中心とした発酵性の果実がそうたくさんはなかったこともそのひとつの理由なのだろう。

だが今日、わが国ではぶどう酒の人気が上がるのに比例して、日本酒が若者のあいだから遠ざかっていく現状にある。食の歴史とはなぜか皮肉な感じさえする。

本格焼酎（乙類焼酎）

鹿児島県大口市にある大口郡山八幡神社は一一九四年に建立された古い神社で、その後三六五年を経た永禄二（一五五九）年に社屋の改築が行なわれた。その改築のとき、工事にかり出された地元の作次郎と助太郎（大工か？）は、棟を上げるとき、木板に次のような落書きを書いて神社の屋根裏にはめこんだ。「其時《そのとき》座主《ざす》は大《おお》キナこすでをやちりて、一度も焼酎《しょうちゅう》を不被下《ふるまわず》候、何共《なんとも》めいわくな事哉《ことなり》」（日ごろからけちな神主《かんぬし》は、神社改修の間、一度も焼酎をふるまわなかった。なん

とも迷惑なことである）

この落書きは昭和三十四年に同神社が改修されたとき偶然に発見されたものだが、実はこれがたいへんに貴重なもので、日本の酒の歴史上はじめて焼酎という名がここに登場しているのである。

わが国唯一の蒸留酒である焼酎は、大別して甲類と乙類の二種がある。前者は連続式蒸留機（エチルアルコール以外は蒸留されない）で蒸留し、得られた純粋のエチルアルコールを水で薄めたもので、新式焼酎とも呼ぶ。これに対して乙類は、単式蒸留機で蒸留したもので、エチルアルコールとともに香りのもととなるフーゼル油、エステル類、カルボニル化合物などの香気成分も蒸留されてくるから、複雑な香気を持つ焼酎となり、別名を本格焼酎と称する。この本格焼酎にはいろいろな原料が使われるから、バラエティーに富んだ酒を楽しむことができる。薩摩の芋《いも》焼酎、米、ソバ、アワなどを原料とした多様な日向《ひゅうが》焼酎、米を原料とした沖縄の泡盛《あわもり》、やはり米の球磨《くま》焼酎、壱岐《いき》の麦焼酎、ラムの原料に似た黒糖を使った奄美《あまみ》諸島の黒糖焼酎、山形、福島以南に点在する粕取《かすとり》焼酎など、ひとつの酒にこれだけの種類があるのも珍しい。

本格焼酎は多数の香気成分を含んでいるから、アルコールの酔いとともに、香りを思う存分楽しむことができる。これは西欧や他の諸国の蒸留酒であるウイスキー、ブランデー、ラム、ジンなどと共通性を持つ。食生活も洋式化してきて、洋酒の需要が拡大しているとき、どっこい、日本にも他国のものに負けないすばらしい蒸留酒、焼酎があることが見直され、人気を取りもどしてきたことはうれしいことである。

ウイスキーとブランデー

ウイスキー（whisky）は、穀物を原料にした蒸留酒を樽《たる》に貯蔵した酒である。日本の焼酎は麹《こうじ》カビを使って原料の澱粉をぶどう糖にし、それを酵母によってアルコール発酵し、蒸留するという日本独特の製法であるのに対し、カビ文化のない欧米では、大麦を発芽させて麦芽をつくり、その麦芽の持つ糖化力を利用する。

ウイスキーはわが国の本格焼酎と同じように、エチルアルコールだけでなく、香気成分も蒸留のさいに留出させている。すなわちポットスチル（銅製の釜《かま》で、首から出たパイプの先端が冷却用蛇管につづいていて、一回の蒸留が終わると次のもろみを入れかえる）や、パテントスチル（連続して蒸留できる）で発酵したもろみを蒸留するから香りの高い酒となる。

ウイスキーがビールを蒸留して樽貯蔵した酒とすれば、ブランデー（brandy）はぶどう酒を蒸留して樽貯蔵した酒である。フランスはその主産国として著名で、代表的なものとしてコニャックとアロマニャックがある。前者は玉ネギ型の単式蒸留機で二回蒸留するのに対し、後者は多段式の半連続蒸留機で一回だけ蒸留するが、双方ともアルコール以外の香気成分も留出してくるから、本格焼酎やウイスキーと同じく香りの高い酒となる。そのうえ、ウイスキーもブランデーも蒸留した酒をカシの樽に長期間貯蔵することにより、樽から溶出してくる香気成分と色がさらにうまく混じりあって気品を高めている。焼酎が無色透明なのは樽に貯蔵しないためで、これまで酒税法では焼酎の樽貯蔵は認めなかったが、最近ではこれが一定の条件下で許されることになり、樽から溶出した色の成分を持つ、ウイスキー色のような焼酎もまれに見られるようになった。

ウイスキーを水で割ってガブガブ飲むのは日本人で、それが正しい飲み方と思っているのも日本人である。本来は、ウイスキーを小さなグラスに注いでチビリチビリ飲んでは、別のコップに入れておいた水を口に含むのが正統である。ウイスキーの水割りを当然の飲み方とした日本人はまた、ブランデーの水割りなどという驚くべきものまで考えだした。ウイスキーやブランデーの香気は水に不溶のエステル類が中心であり、これに水を加えることにより、それまで高い濃度のアルコールに溶けていた香気成分は突然不溶となって浮き上がる状態となり、たちまち香味のバランスが失われ、とんでもない酒となってしまう。まったくもったいない話である。パリの飲み屋に行って「ブランデーの水割り！」などと注文したら、それこそはり倒されてしまうだろう。彼らは国の威信をかけてブランデーをつくっているのである。だが焼酎は、昔から湯で割って飲むのが正統のひとつで、燗もつける。酒は、それが持っているすばらしい性質に合わせて静かに味わうべきである。

新式焼酎―ウオツカ

新式焼酎（甲類焼酎）

日本の酒税法では、焼酎《しょうちゅう》とは「アルコール含有物を蒸留した酒類」とまず定義したうえで、「原料に発芽させた穀類を使用しない」ことでウイスキーと区別し、「原料に果実を使用しないこと」でブランデーと区別し、「蒸留したアルコール液に他の成分を浸出させないこと」でジンと区別し（ジンはアルコール溶液にネズの実を浸したもの）、そして「シラカバの炭を用いて焼酎を濾過しないこと」でウオツカと区別し、ラムと区別するために原料に砂糖や糖蜜の使用を許さないなど、実に細かく定められている。

新式焼酎は甲類焼酎ともいい、エチルアルコールだけが精留されてくるようにつくられた連続式（新式）蒸留機で蒸留するから、純度の高いエチルアルコールが連続的に得られる。原料には、以前は馬鈴薯《ばれいしょ》や米粉などが用いられたが、今日では廃糖蜜《はいとうみつ》（サトウキビやサトウダイコンから砂糖を結晶させてつくったときの廃物で、五〇％近くの糖分が残っている）や甘藷《かんしょ》がその大半となっている。

連続蒸留機によってエチルアルコールを大量に生産したのは明治四十四（一九一一）年であるから、すでに七〇年以上も前のことになる。大正期に入り、第一次大戦ではアルコールは軍事的需要にまわって飲用が不足、昭和に入っても日中戦争につづき第二次大戦が始まると、これまた連続蒸留機でのアルコールは大半が軍事用の化学工業原料や医薬用にまわるなどして、国民が大手を振って飲む時代背景にはなかった。

そんなわけで、国民が新式焼酎を飲めるようになったのは、第二次大戦が終わり、荒廃した街角であやしげなヤミ焼酎を立飲みしたころに始まる。その後、昭和二十四年には全国で一五〇もの多くの工場でほとんどが飲用として製造された。以後、新式焼酎は昭和三十五年まで伸びつづけるが、日本経済が飛躍的な高度成長を迎えると急激に下降する。国民所得が上昇すると、嗜好品への高級化志向が起こり、清酒やウイスキー、ビールへと消費が移っていったためである。

ところが最近、焼酎は異常ブームといわれるほどの人気となってきた。本格焼酎は原料にバラエティーがあり、香りに特徴を持つ個性的な酒が多いうえに、郷愁をそそるなどで人気を集めているし、新式焼酎はアメリカの白色革命（ここ数年のあいだに、これまでのウイスキーのような有色のものから、ウオッカ、ホワイトラム、テキーラのような無色透明のアルコール飲料に人気が移った現象）の影響もあって、伸びに伸びつづけている。それに、なんといっても、焼酎は他の酒類に比べ酒税額が著しく低く安価なこともあって、このブームに一段と拍車をかけることになった。

ところで、このところの異常なほどの甲類焼酎ブームは、なんとなく気がかりな方向に行っているような気がしてならない。炭酸ガス入りの缶入り酎ハイやレモン風味、グレープフルーツ風味、いちご風味といった遊戯的な飲ませ方が「イッキ！　イッキ！」であおりたて、それが大いに受けている現状を見るとき、あらためて「酒」とはいったい何なのだろうと考えてしまうのは筆者ばかりではなかろう。じっくりと味わって飲むところに酒のほんとうの文化があるのだから、ただ酔えばいいという単なる生理現象の手段のための酒なら、そこには酒の文化などなく、それは酒でなくともエチルアルコールの水溶液で用は充分足りるというものである。

ウオツカ

ウオツカ（vodka）は無色無臭（無臭といってもエチルアルコールの匂いはある）の酒で、そのあまりにもクセのない酒ゆえに有名となっている。さしずめ日本の甲類焼酎に相当する蒸留酒である。

大麦を原料とし（場合によっては小麦、トウモロコシも使う）、パテントスチルという精度の高い蒸留機で発酵液を蒸留し、アルコール分を八五％以上にしてから、この蒸留酒に水を加えて四〇％まで下げたあと、白樺炭《しらかばずみ》の層を通して濾過《ろか》する。ここがこの酒の最大の特徴で、高い数段の塔に白樺炭が詰められていて、ここをゆっくり通すと酒の不純物や匂いが炭素にすっかり吸着されて、無色透明なクリスタル・クリアの状態となる。ロシアの大地に十二～十三世紀に生まれた、白い雪原にピッタリの酒で、そのまま飲んだり、クセのない性質を利用してカクテルのベースにも重宝される万能の酒である。厳冬のもとでこの酒を一気に飲むと、冷えきった体を内から燃やしてくれ、寒い国では嗜好品というよりむしろ生活の必需品ともなっている。

ウオツカは今日、アメリカで最も多く消費されている。アメリカでは開拓と同時に、アイルランドやスコットランドからの移住者によってトウモロコシを主原料に、副原料にライ麦を使ったバーボンウイスキーがつくられてきたが、一九七〇年代半ばにいわゆるホワイト革命の現象が起こり、それまで君臨してきたバーボンウイスキーや樽貯蔵ラムなどの有色蒸留酒はしだいにその需要が減少し、ウオツカやホワイトラムにどんどん人気が移ってきた。

ホワイト革命の原因は第一に、食生活が油料理中心となってきた傾向からさっぱりしたクセのない酒が好まれるようになってきたこと、第二に、ウオツカのような無色透明の蒸留酒はいろいろなドリンク、たとえばジュースやコーラなどで手軽に割って飲んでも、ウイスキーで割るときに出るクセが少ないこと、そして第三は、なんといってもバーボンウイスキーのように長期間貯蔵する酒はそれだけの価値があるから高価となる反面、ホワイト酒は安価である点だろう。

日本で甲類焼酎、西欧でウオッカという、たがいにクセの少ない酒が最近人気を呼んでいるのは単なる偶然ではないようで、日本もここ数年、食卓が油料理中心となってきて、西欧型食生活に入ったことを物語る好例といえるのかも知れない。

粕取焼酎―マールブランデー

粕取焼酎

日本のもろみ（発酵を終了したもの）を搾ると「清酒」と「酒粕」とに分かれるが、その酒粕のなかにはまだ五〜一〇％ものアルコールが含まれているから、これを蒸留するとアルコール二五〜三〇％の焼酎を得ることができ、この蒸留酒を粕取焼酎《かすとりしょうちゅう》と呼んでいる。

昭和二十一年ごろ、「カストリ部落」とか「カストリ雑誌」、「カストリゲンチャー」という流行語があった。カストリとはヤミ市に氾濫《はんらん》した密造酒で、これを密造するところをカストリ部落、これを飲みながら焼きいかを肴《さかな》に気炎をあげるインテリをカストリゲンチャー、一合、二合までは平気だったが三合飲めば悪酔いしてつぶれるという粗悪な酒だったから、仙花紙《せんかし》（くず紙をすき返してつくった粗悪な紙）に印刷した扇情的雑誌も三号目でつぶれるというので、そういう本をカストリ雑誌といった。なお、ここで述べる粕取焼酎は、当時のそのようなあやしげな原料で密造したカストリではなく、りっぱな乙類焼酎のことである。

酒造蔵で粕からつくりだした粕取焼酎は、今日ではあまり口にする機会がなくなったが、昭和三十年ごろまではよく飲むことができた。第二次大戦直後の日本の酒文化は、まず焼酎の全盛で始まった。主食の米に不自由するときであったから、清酒用に回る米などほとんどなく、米ぬか、サツマイモ、トウモロコシを原料とした焼酎が広く出まわった。そんな時代だったから清酒粕などは貴重なものであり、これを原料としてつくった本物の粕取焼酎はいい値で取引された。あの強烈な匂いと薄くぼんやりした白い濁りに、終戦直後の混乱期を万感の思いで郷愁する人も少なくあるまい。

ところで粕取焼酎をつくるには、まず原料酒粕をスコップで切断し、これに籾殻《もみがら》をまぶして混和してから、大きな釜《かま》の上の蒸留用のせいろに入れて蒸す。籾殻は粕と粕とのあいだにちょうどうまく入り込み、蒸気を通す空間をつくることとなり、下から突き上げてくる蒸気をうまく粕のあいだに導き入れる役目となる。そして蒸気とともに蒸留されてきたアルコールと香気成分は、水のなかに浸してあるトタン板でつくった冷却用蛇管の中を通って冷却され、粕取焼酎が滴下してくる。その最初の蒸留液などは表現できぬほどの芳香があって、これに籾殻から出る揮発成分とが混ざり合い、粕取焼酎特有の匂いを持つことになる。

今日の粕取焼酎の多くは、このように籾殻を使ったり、せいろで蒸留したりする製法ではなくなり、ほとんどが粕に湯を入れてこれに水蒸気を吹き込み、揮発する成分を得る方法となってしまった。本来の粕取焼酎の特徴が大幅に少なくなってしまうこの方法は少々残念な気もする。

マールブランデー

マール（marc）とはブドウの圧搾粕、すなわち果皮や種子などを主体とした搾り粕で、この粕に水を加えて発酵させると酒ができ、これを蒸留するとブランデーを得ることができる。マールブランデーとはこの酒のことで、アメリカではポメースブランデー、わが国では粕ブランデーと呼んでいる。

本場のマールはしっかりした風味を持ち、よく貯蔵されると果実臭が生きてきて特有の濃厚ブランデーとなる。そのため、本流のブランデーと同じ蒸留法をとったものはフランス政府認可の品質保証がなされるほどである。なかでもブルゴーニュのマールは特に有名で、その地の白ワイン地帯に産するマールは軽快そのものとして人気が高い。なんといってもこの酒はブドウの香りに満ちた酒で、そこに捨てがたい魅力を持つから、熱烈なるマールのファンも多い。

マールはまた、ひなびた味わいのうえに、樽香とブドウ果実香が合体し、なんともいえぬ風味を持つ逸品となるものもある。原料が搾り粕という宿命にありながら、その生い立ちが熟成を経ると華麗に変身し、魅力を感じさせる酒となるから、古くから小説や詩にしばしば登場してくる。

ルイは食べ終えて、脂じみた口のままメグレのところにやってきた。

「いかがですか、この兎《うさぎ》は？」

「すばらしくおいしかったですよ」

「こなれをよくするためにマール・ブランデーはいかがですか？
これは私のおごりですよ」
（ジョルジュ・シムノン著、佐伯岩夫訳『メグレと田舎教師』河出書房新社刊より）

発酵させたブドウの粕は、外国では土壌に埋めて肥料にするほか有効な使い方はないが、わが国での清酒粕は粕取焼酎や粕漬け、酢の原料に、そしてワイン粕は発酵調味料や飼料として有効に使われている。特に発酵調味料は、ブドウの搾り粕とともに混合して再び発酵させ、これに食塩を加えたもので、かまぼこやちくわなどの水産練製品や種々のタレ類の調味料に有効利用されている。このようにとことんまで利用してしまうのは日本人の知恵のひとつである。

さて、マールという酒、原料がブドウの搾り粕であるところから、比較的安い値段の酒と思いがちであるが、それは当たらない。日本の一流デパートで売っているマールブランデーの逸品ともなると、たとえば「マール・ド・プロヴァンス・デュ・ドメーヌ・タンピエ」などは一本数万円もするし、一万円を下るものは少ない。すばらしいぶどう酒をつくるには、優れた原料のブドウの果実が必要であり、その搾り粕も当然特級品であるから、それを原料としたブランデーだって絶品ということになる。

骨酒と鰭酒―虎骨酒

骨酒と鰭酒

魚を焼いてそのまま大きめのどんぶりに入れ、これに熱い清酒をたっぷりと加えて回し飲みするのを骨酒《こつざけ》という。正統なものは、焼き魚の肉をむしり取ったあとの骨や尾鰭《おひれ》を再び火にかけて、少し焦がしたものを湯のみ茶碗に入れて熱燗《あつかん》にした酒を注ぎ飲むのだが、それまでの酒になかった特有の香味が新たに付いて喜ばれる。骨酒に用いられる魚は、海のものではタイ、アマダイ、川のものではウグイ、ヤマメ、マス、イワナなどである。

骨酒に似たものに鰭酒《ひれざけ》がある。鰭はそもそも、水棲脊椎《せきつい》動物の運動器官のひとつで、一般的には魚類のものをさし、古くから滋養剤として食用とされてきた。最も有名なのはフカの鰭で、中国料理ではこの乾燥品を「魚翅《ユイチイ》」と称し、スープや煮物に珍重されている。

日本料理には鰭はあまり使われず、せいぜい「鰭の吸物《すいもの》」ぐらいであるが、鰭酒を見るごとく日本酒とはたいそう相性がよい。この場合の鰭はフカではなく、フグ、タイ、アマダイなどで、充分に乾燥したものを焦げ目がつくくらいに焼き、コップに入れて上から熱い酒を注いで飲むとき、特有の味が酒に移って酒客にたいそう喜ばれる。疲れた体をもどし、風邪を吹きとばすとされて、今日でも通人に根深い人気がある。

骨酒も鰭酒も、酒に独特のコクをつけることと、滋養強壮が目的であることに共通点を見るが、日本にはこのような酒の飲み方として、焼いたマムシを酒に入れた蝮《まむし》酒、小鳥を焼いて酒に入れる鳥骨酒、宮中で古くから楽しまれてきた雉子《きじ》酒、イモリを黒く焼いてから酒に入れるイモリの黒酒、珍しいものでは羽をとったセミをこんがりと焼き、これの数匹を酒に入れた蟬《せみ》酒などがある。酒は体への吸収が速いことから、これらの動物の強壮成分を酒とともに体内にすばやく入れるという、薬用としての意義が大きかったのであろう。

ところで、このような酒に似たものとして、昔「熬酒《いりざけ》」というのがあった。江戸時代の『和訓栞《わくんのしおり》』には「熬酒はかつお節と梅干しを酒に加えてつくるもので、唐《から》の人々もこの酒の味に勝るものはないと言っている」とあり、『料理綱目調味抄《りょうりこうもくちょうみしょう》』にはそのつくり方を次のように述べてある。「お酒を煮て、煮えたったたら鍋をおろして冷やし、再び煮て冷ます。これを四、五度くりかえして行なうと、一升の酒は四合ほどとなるから、これに大粒の梅干し三個を入れて再度煮つめてから、焼き塩で味を調える。この煎《い》り酒は、日が経っても変質しない。これにかつお節を加えれば、なお味はよくなる。甘いものを好むときは、氷砂糖を加える」

虎骨酒

酒に魚や肉などを漬けて、これを強壮や健保のために用いるのは、日本だけではなく、広く世界の各地に見られるところである。その代表的な国はなんといっても中国だろう。中国にはトカゲ、ヘビ、イモリ、ヤモリ、虎骨《ここつ》、鶏肉やその羽根、羊肉、鹿肉、鹿角、魚のような動物などを漬け込んだ酒（昔はみりんのような酒に漬け込んでいたが、今は日本の焼酎《しょうちゅう》にあたる白酒《バイジウ》に漬けて成分を浸出させたものが多い）は実に多く見られる。

たとえば、イヌの肉を酒に漬け込んだ「狗肉酒《ゴウロウジウ》」（これに似たものに「至宝三鞭酒《ヂイパオサンビエンジウ》」というのがあるが、これは海狗《かいく》すなわちオットセイと広狗《こうく》＝山狼《やまおおかみ》、梅鹿《ばいろく》＝鹿の一種の睾丸《こうがん》を高粱酒《ガオリアンジウ》に漬けたものである）、トカゲを一匹丸ごと漬けた「蛤蚧酒《ハーカイチユウ》」、キノボリトカゲの雌雄一匹ずつを漬け込んだ「馬鬃蛇酒《マーゾンシエジウ》」、スッポンの「黿魚酒《ユエンユイジウ》」、ヒツジの肉とナシの「羊羔酒《ヤンガオジウ》」、ヘビを漬けた「蛇酒《シエジウ》」などは有名である。さらに変わったところでは、蚕の糞《ふん》を酒に浸した「蚕沙酒《ツアンシアジウ》」という強壮酒や、鶏糞の白い部分だけをとりだし、これを焦がして酒に加えると紫色になるという「紫酒《ツージウ》」などもある。これらの類の酒は数十にのぼるが、ほんの数例をあげただけでも、そこに中国の長い歴史と伝統をかいま見ることができる。これらの酒のほとんどは健康維持や強壮、治療のための「葯味酒《ヤオウエイジウ》」である。

この類のなかで、特に有名なのが「虎骨酒」である。虎の骨（正式には脛《すね》）をそのまま酒に浸し、または粉末にしてからこれに陳皮《ちんぴ》（ミカンの皮を刻んで乾燥させたもの）、桂皮（シナモン）、ニンジン、ヘビの胆《きも》など一〇種の漢薬を高粱酒とアルコールに混和した酒で、滋強剤として珍重され、値段も高価である。近年、虎は保護されて捕らえることはほとんどなくなったから、本物の虎骨酒は今や幻となったようだ。以前、虎の骨の代わりにネコの骨を使ったインチキの虎骨酒（猫骨酒？）まで現われるに至って話題をまいた。今日では安価な虎骨酒には虎の骨を使わず、多数の薬草を配合して滋養酒としてつくられているものが多い。

中国ほどではないが、世界中には動物を浸したり漬け込んだりした酒を意外に多く見かけることができる。たとえばアフリカの中央部には、原住民がつくるはちみつ酒があるが、この酒にはしばしばヤギや水牛の角やひづめを削って入れたり、これを原始的な蒸留機で蒸留した酒に、やはりヤギや水牛の肉を漬け込んだりして強壮酒や薬用酒とする。薬のほとんどない生活では、この酒は虫さされ、切り傷、ケガ、動物からの咬傷《こうしょう》、歯痛などあらゆる傷病に重宝されている。中南米メキシコを中心とする一帯にはアルコールの強烈な蒸留酒テキーラがあるが、そのテキーラに昆虫の幼虫（ウジムシと思えば間違いない）を漬け込んだ酒があるが、これは薬用ではなく、このウジムシを肴《さかな》にしてその酒を飲む目的のためにつくられている。

ところで、西欧には酒に魚や肉を入れて飲む習慣はあまりない。どうやら彼らは肉とともに酒を口いっぱいほうりこむほうが向いているらしい。

梅酒―リキュール

梅酒

ウメの実を砂糖の入った焼酎に漬けた梅酒は、わが国ではかなり古くからつくられていた。明治の初期、イギリス人で東京大学のお雇い教師であったアトキンソンがその著書のなかで、焼酎《しょうちゅう》を土台とし、草根木皮や果実を入れ、それに砂糖を加えた甘い酒が日本には昔からあったことを述べている。おそらく焼酎がはじめてでき、しばらくたって砂糖（飴《あめ》）も比較的入手しやすくなった江戸中期から末期にかけて、梅酒を中心としたリキュールがあったと見てよいだろう。

当時は、このような酒は飲用というよりむしろ薬用としての目的でつくられたのが大部分で、たとえば梅酒は健胃や食欲増進に卓効ありとされていた。梅酒をつくることは、わが国の家庭の古くからの習慣でもあったことから、今日では家庭内で自家用のために果実類を焼酎に漬けて酒をつくることは酒税法上許されている。

梅酒は、五~六月にかけて収穫した青い実を水でよく洗い、水切りをして水気をふきとり（できれば苦味を抜くため、あらかじめ一日くらい水に漬けておけばなおよい）、ふたのできる密閉容器に焼酎を入れ、氷砂糖を加えてからウメの実を入れ、そのまま密閉して静かに置いておく。ウメの実五〇〇グラムに対し、四五〇グラムの氷砂糖、一升（一・八リットル）の焼酎（三五%のアルコール度）を基本配合の一例とするが、場合によってはみりんを加えることもある。そのまま静置しておくと、ウメの成分が浸出してきて特有の香味が生じてくるが、四～六か月も置くとよく熟成して、なんともいえぬ風味を持つ。砂糖の量、ウメの実の引上げの時期などの工夫によっていろいろなタイプの梅酒が楽しめる。

梅酒のような混成酒を別名ホームリカーともいうが、酒税法上の分類ではリキュールに入る。ウメのほかにミカン、イチゴ、スモモ、マタタビ、シソ、カリン、サルナシ、クワ、グミ、ニンニク、クコ、トチなども入れる。西欧におけるベルモット（ワインに草根、木皮を浸した酒）、チェリーブランデー（ブランデーにチェリーを漬け込んだ酒）などと同じである。

ところで梅酒やスモモ酒をつくるときには、粉砂糖を避けて氷砂糖を使う。これは、新鮮な実をいきなり濃い砂糖液のなかに入れると、ウメの水分は浸透圧の違いのために急激に実から外に搾り出されてしまい、実の表面にシワを多くつくり、かたく小さくしなびさせてしまう。そうさせないためには、ウメの実の水分と砂糖液とをゆっくりと入れ代える必要があり、そのために薄い砂糖液からはじめてしだいに濃くしていくのが望ましく、氷砂糖を使うとはじめは溶けずに下に沈み、少しずつ溶けていくから、たいへんにつごうがよいのである。どうやらこれは日本人の知恵のひとつだなと思っていたら、外国の果実シロップづくりには昔からこの原理があったと知って少々無念であった。

リキュール

アルコール分が高く、糖分も多く、そして薬草、果実などを混ぜたり漬けたり浸したり、またはそれを蒸留して砂糖を加えた酒をリキュール（liqueur）という。焼酎に砂糖と果実類を漬け込んだわが国の梅酒に相当する。ただし西欧の場合は、発酵酒に草根、木皮、果実を加え、それを蒸留したものに砂糖を加えたものが大半である。

アプリコットブランデーはアンズを種子ごとつぶしてこれを発酵させてから蒸留し、糖分を加えたリキュール。ベネディクチンはフランスに古くから伝わるリキュールで、アルコール溶液にアンジェリカを主香料とし、これにレモン皮、ニッケイ、チョウジ、ハッカ、アルニカの花などを加えたもの。野生キイチゴを原料としたブラックベリーブランデー、シャルトルーズはアルコール溶液にゼネガソウ（ヒメハギ科の多年草）やヨロイグサ（セリ科の多年草）などの薬草を加えたリキュール。ほかにクレーム・デ・カカオ、クレーム・デ・モカ、クレーム・デ・バイオレット（クレームとは糖分が多くどろどろした状態の酒をいう）、マンダリン（ミカンの皮を主香料としたリキュール）など約七〇種に及ぶ。日本人の考え出したリキュールのひとつに、緑茶を原料とした日本ならではのグリーンティリキュールがあり、日本人向きのカクテルの調合に好まれている。

リキュールの歴史は古く、蒸留酒がアラブ人によってはじめてつくられた紀元九〇〇年ごろにはすでにあったとされる。主として修道士たちが僧院の庭に薬効のある草木を植え、それを酒に浸して疾病者の治療薬に用いたことに始まるという。現に後年、カタロニアの物理学者アリナウ・ド・ヴィルヌーブは草木から薬効成分をアルコールで抽出（チンキ剤）している。

日本のリキュールの歴史は確かではないが、『平戸《ひらと》商館日記』の一六一八年一月十八日付のところに、平戸藩主にアニス酒が届けられたこと、同じく一六二一年九月十三日には強烈なじゃこうを加えて精製したリキュール二壺を日本人の役人に持って行ったことなどが記録されているから、この時代、すでにリキュールが入ってきていたことは間違いない。この時代の少し前の永禄二（一五五九）年には日本ではじめて焼酎がつくられており、平戸へのリキュールの流入は、その後日本特有のリキュールである梅酒やアンズ酒などを生むヒントとなった。

卵酒―エッグ・ノッグ

卵酒

卵酒は鶏卵を入れた酒のことだが、江戸時代の『本朝食鑑《ほんちょうしょっかん》』には「精を益し気を壮にし、脾胃を調ふ」とその効果を述べている。そしてその製法には二法ありとし、第一は「水を五盃、麹《こうじ》を一盃、砂糖半盃をよく混ぜ、これを暫く熱しこれに鶏卵一個を割って入れ、よくかき混ぜ、温めてこれを飲む」法。第二法とは「鶏卵一個を割ってこれを熱した酒の中に入れ、箸でよくかき混ぜて温かいうちに飲む」というものである。

今日の卵酒はこの第二法で普通は清酒に砂糖を適量加え、これを熱して沸騰するまで温め、ここに鶏卵を割って中身を加えてから充分に混ぜ合わせ（子供に飲ませるときはマッチで火をつけて酒のなかのアルコールを飛ばし）、温かいうちに飲む。下戸《げこ》でも飲めて、寒い冬でも温まることができ、『太祇句選《たいぎくせん》』には「親も子も酔へば寝る気よ卵酒」とある。昔から感冒のときの発汗剤として愛用されてきた。

卵酒が体を温める理由は、何といっても酒が沸騰するまで熱くしたものを冷めないうちに飲む点にあり、熱い酒ほど胃や腸での吸収は速いからたちまち温まる。そのうえ鶏卵という高蛋白質も酒と同時に速やかに吸収されるから、カロリーも高くなる。だから熱い卵酒を飲み、暖かい部屋で分厚いふとんを頭からかぶって寝たら、たちまち発汗ということになる。

昔は卵酒のほか、蝮酒《まむし》（酒にマムシを丸ごと漬けたもの）、豆腐酒（酒一升に砂糖一〇〇グラム、豆腐一丁、白みそ少量をよくすり合わせ煮立てたもの）、しょうが酒（熱燗の酒のなかにショウガをすりこんだもの）なども風邪にはよく飲まれた酒で、これらの酒を熱くしたものはいずれも体がホカホカと温まる。

卵酒は医術がいまだ発達しない時代の感冒の妙薬として多くの日本人に愛用されてきただけに、古くからこの酒に込めた句や狂歌は多い。卵酒について述べる機会はそうめったにないので、ここでそのような歌を連記するのも一興と思う。

飲むからに冬の寒さもわすられて春のこころをあら玉子酒
好物の玉子酒たつ法もあれ君が夜床にぬくめられてん
この人をかこつ涙の玉子酒あてのちがふたよはぞかなしき
玉子酒たまのあふ夜は打わりておもひを君にとくかたらわん

吹きやすき胸はしり火や卵酒
草の戸や盃足らぬ鶏卵酒
沫《あわ》を消す内儀老たり玉子酒
寝酒せん先たのもしき鶏卵酒
卵酒妻子見守る中に飲む
母の瞳《め》にわれがあるなり卵酒

玉子酒すすり還暦来つつあり
玉子酒皆相伴《しょうばん》の早寝かな

エッグ・ノッグ

エッグ・ノッグ（egg nog）は、ウイスキーやワインに卵と砂糖、香料を加え、温めて飲むが、その目的がこれまた風邪どきの発汗をうながすためであり、日本の卵酒とまったく同じようなものが外国にあるのも面白い。一般的なエッグ・ノッグは卵の黄身に砂糖を混ぜてよくかきまぜ、ニクズク、シェリー、マディラ酒（ポルトガル・マディラ島のワイン）を香料に用い、温めたウイスキー、ブランデー、ラム、ウオツカなどを三分の一ずつ混ぜてこれに加え、さらに卵の白身を泡立たせたものを上に浮かべて飲む。

同じようなものにエッグ・フリップがあり、これは卵を使ったカクテルの一種で、ベースとなる酒に卵を入れ、一定の砂糖を加えてから砕氷とよくシェークしたもので、ニクズクなどの香料も加える。ベースにはウイスキー、ブランデー、ラム、ジンのような蒸留酒が主に用いられるが、時にはビールを用いることもある。

酒を温めて飲むのは日本の清酒や焼酎《しようちゆう》ぐらいで、他にあまり例を見ない。しかし外国では、風邪を払うための発汗には多くの国々で日本酒のように温めて飲む例を広く見る。たとえばヨーロッパでは、子供が風邪をひくとワインを温めて飲ませる習慣があるし、中米のリキュールであるキュラソーももともとは風邪薬としてつくられたもので、風邪のときにはホットキュラソーにする。またネズの実を入れて蒸留してつくるジンも、風邪のときの発汗に伴う解熱のために、一六六〇年にオランダのライデン大学医学部医師シリビウス・デレボエが考案した薬用酒である。彼は風邪の患者にはそのジンをホットにして飲ませた。

卵を使ったカクテルもある。エッグ・ブランデーは卵の黄身をすりつぶし、砂糖と香料とブランデーを加えてから充分にかき混ぜ乳濁させたクリーム状の酒で、分離させないことが秘訣である。これを種々のカクテルに用いることにより、カクテルに特有の味を付けることができる。エッグ・ビアーもビールをベースとした卵のカクテルで、西欧ではしばしば酒に弱い女性用に用いられる。カクテルは氷を使うことが基本となるから、卵を使うカクテルは生臭さが生じやすいため、多種の香味リキュールを用いることが多い。

人は酒を「百薬の長」といい、また「万病のもと」ともいう。適度な量のアルコールはたしかに食欲の亢進《こうしん》、消化促進、精神の安定につながる。それに、アルコールは胃や腸で驚くべき速さで吸収されるから、摂取してから熱量の発散までに最も手っとりばやい方法である。風邪で体が衰弱したときや寒気が起こったときには、卵酒は実に理想の飲み物というもので、日本人にも西欧人にもこれが愛用されているのは単なる偶然ではなく、万人の考えだした知恵なのである。

燗酒―冷酒

燗酒

日本の清酒は燗《かん》をして飲む酒で、世界の多くの酒類から見ると珍しい飲み方に入る。燗をするのは日本および中国の一部に見られる飲み方であるが、わが国の酒がいつごろから燗をして飲むようになったかについての正確な時期についてはまだ定説がない。平安時代の『延喜《えんぎ》式《しき》』に「土熬鍋《どごうなべ》」とあるのは、燗鍋（燗をするのに使われた小さな銅鍋）であるとの見方が大半で、このころから熱い酒を飲んでいたことはたしかなようである。だが、当時の加熱法はまだ鍋に入れて直火で温めていたから、酒を専門に燗する徳利が現われたのはもう少しあといわれる。ただ平安後期には燗徳利《とくり》に似た土焼きの「瓶子《へいし》」があって、この瓶子で燗がつけられたことも考えられている。

酒の燗は昔から季節によって行なわれたらしく、江戸時代の『温古《おんこ》目録《もくろく》』や『三養雑記《さんようざつき》』には「煖酒《あたたざけ》、重陽宴《ちようよう》より初めて用ふるよし」とあり、重陽節（「五節句」のひとつで陰暦九月九日の節句。また「菊の節句」ともいい、「重陽の宴」といえば九月九日に行なう観菊の宴のことである）の宴よりあとの秋入りから、翌年三月三日の桃の節句までを燗で飲んだようである。

ここにも見られるように、燗酒のことを昔は煖酒とも書いたが、燗のいわれについては『天野政徳随筆集《あまのまさのりずいひつしゆう》』によれば、「今の世酒を飲めるには必ず煖める事也、是れを燗と云へり、冷と熱との間なる故」とあり、また同じような意味が『和訓栞《わくんのしおり》』『三養雑記』にも見られることから判断すると、「熱からずまた冷たからずその間の酒」の意味から由来したのだろう。一年じゅう燗をするようになったのは、瀬戸物の猪口《ちょこ》や徳利などがしきりに文献や絵に登場してくる江戸中期ごろだといわれている。

ところで、清酒がなぜ燗をして飲むようになったかは明らかではないが、中国の古い文献では「寒い時は温酒《あたたざけ》、夏には冷酒」という文章を多く目にすることから、おそらく寒いときははやく体が温まるように燗をし、夏に温かい酒はさらに暑さを呼ぶから冷酒にしたという単純な理由が第一だろう。日本の酒が燗をするいまひとつの理由は、生理学的な理由で、東洋的な医学思想を背景とした自然な食法、たとえば貝原益軒の『養生訓《ようじょうくん》』（一七一三）などに見る教訓も根底にあるのだろう。益軒はそのなかで、冷酒は体に悪いから温めて飲むようすめている。

さらにいまひとつの重要な理由は、客の接待に対する日本人のもてなし方にもあるようだ。というのは、燗をして客をもてなす習慣は、「燗をした」という行為が手を加えてから客に差し上げるという意味を持ち、このことは手を加えない冷酒を出すことは相手に失礼であるという考え方に結びつくから、礼儀上、燗をする必要があったのも否定できないようだ。

昔、日本には酒道というのがあった。酒の席を通して礼儀と精神の修養をしようというものである。いつのまにかこの道は消えてしまったが、燗の仕方や酌の大意が述べられていて実に趣の深い修道であった。日本人も、自分を見失いつつあるときには、じっくりと酒の心を味わい、道を開くべきである。

冷酒

冷やして飲む酒の代表はビールやシャンペンで、炭酸ガスという、のどに爽快性を与える成分を多く溶けこませることが冷やす理由の第一である。たいていの固体は低温より高温のほうが水に溶けやすいのに、気体の場合はこれと反対で、液体の温度が低いほど気体はよく溶ける。生ぬるいビールの味が爽快さに欠けるのは、この理由から炭酸ガスが浮く状態になるからである。また、そのようなビールが冷えたビールに比べて苦味と渋味を強く感じるのは、舌の味蕾《みらい》は冷たいものより温かいほうが鋭敏になるためで、ビールが冷えるとちょうどよい調和のとれた苦渋味を感じることができる。イギリスではビール独特の香味をより楽しむために、冷やさないで生ぬるいビールをチビリチビリと飲む風景が多く、またアメリカの若者たちのあいだにもビール本来の個性を楽しむために生ぬるいものを好んで飲む姿が多く見られるが、やはりビールは冷やしてのどで味わって飲むに勝る方法はない。

酒質によって冷やしたり、そのまま飲むのがワインである。白はよく冷やし、赤はそのままで飲むのを原則とする。これは白ワインには甘口、中甘、中辛、辛口《ドライ》（辛口とは糖分が〇・四パーセント以下のもの）と、さまざまな口あたりのものがあり、赤ワインに比べて酸味や渋味が少ないから、冷やして口にするといっそうなめらかな口あたりとなる。特に甘口の白ワインの場合、冷やすことにより甘味が控え目となって酸味との調和がとれ、心地よい味わいとなる。一方、赤ワインはほとんど辛口であり、そこにある酸味と渋味も大切な味のひとつであるから、これを舌で充分楽しむためにも冷やさないし、冷やすと赤ワインの香りはほとんどといってよいほど引き立たなくなる。そのうえ、酸味の多い赤ワインは、冷やす温度が低すぎると新たな苦味などがついたりして品質を損ねる。

ところで最近、日本酒を冷やして飲む人が多くなった。特にこのところ話題を呼んでいる「幻の酒」と呼ばれる吟醸《ぎんじょう》酒（原料米からぬかを五〜六割も取り除き、残った四割ほどの米の芯《しん》のような原料を低温発酵させた酒。メロンやデリシャスリンゴのようなフルーティな香りを持つ）は、燗をするとそのすばらしい香りのバランスを失うから必ず冷やして飲む。そこには最上級の白ワインにも勝るとも劣らない風味があって、筆者はこの酒こそ、西欧のワインと日本の清酒の接点であると思えてならぬのだ。

参考文献

本書を書くについては、多くの先学者のさまざまな本を参照させていただいたが、なかでも『飲食事典』(本山荻舟著、平凡社)、『世界大百科事典』(平凡社)、『日本食品事典』(杉田浩一・堤忠一・森雅央編、医歯薬出版)は広範・詳細な事典としてまことに参考になった。

また、次の著書も、本書をまとめるにあたり参考とさせていただいた。いずれも、飲食に関心ある読者には参考となる本ばかりであるから、ここに列挙して紹介するとともに、著者には心から謝意を表する次第である。

『日本を知る小辞典(3)』大島建彦ほか編、社会思想社
『世界の酒』坂口謹一郎著、岩波書店
『日本の酒』坂口謹一郎著、岩波書店
『日本人とたべもの』近藤弘著、毎日新聞社
『たべもの歳時記』平野正章著、文藝春秋
『日本人の歴史(2)』樋口清之著、講談社
『「こつ」の科学』杉田浩一著、柴田書店
『酒の事典』外池良三著、東京堂出版
『中国食物史の研究』篠田統著、八坂書房

参考文献

『たべもの歳時記』楠本憲吉著、読売新聞社
『しょうゆの本』田村平治ほか編、柴田書店
『日本今昔飲食考』塩谷壽助著、全園者
『江戸食べもの誌』興津要著、作品社
『江戸たべもの歳時記』浜田義一郎著、中央公論社
『うまいもの事典』辻静雄著、光文社
『チーズの話』新沼杏二著、新潮社
『入門歳時記』大野林火監修、角川書店
『世界の味・日本の味』文藝春秋
『原色甲殻類検索図鑑』武田正倫著、北隆館
『江戸の物売』松宮三郎著、東峰書房

『人生読本・食べもの』河出書房新社

あとがき

すっぽん鍋を食べる日本人と、海亀の肉のステーキを楽しむ欧米人。くさやの風味を味わう日本人と、ロックフォールチーズの匂いを楽しむ欧米人。寒天でようかんを固める日本人と、ゼラチンでゼリーをつくる欧米人。おにぎりを遠足に持って行く日本人と、ハイキングでサンドイッチを食べる欧米人。このように日本の食べ物のなかには、欧米の食べ物や料理法にたいへんよく似たものがいくつかあるが、それは単に偶然の一致ではなく、日本人や欧米人が別々の地にあって、長いあいだうまいものを求めつづけた結果あらわれた当然の帰結なのである。

人はいつの世にもうまいものを求める。国が違っても、民族が違っても、それを求める心に差はない。

よく「喉《のど》もと三寸《さんずん》」という。いくらうまいものでも、喉もとの三寸を越してしまえばその食味はあっけなく終わってしまうから、食事など所詮空しいものなのだというものである。だが、食の行為とはそんななまやさしいものであるはずはない。人間はこの三寸を通過させるために、気の遠くなるほどの時間を費やして、食への欲望を少しでも満たすために努力してきたではないか。だからこそ、食のまわりにはすばらしい文化があり、人間はそれを通じて心身ともに豊かになる糧を得た。食の方法は民族によって異なるが、そこでつくりあげた食の文化の究極とするところは、どんな民族でも同じなのである。
日本の飲食物と西欧のそれの、似たものどうしを取り上げてたがいを論ずるという、これまで発刊された数多くの食べ物に関する本にない形式を本書はとった。広く飲食に興味を抱く読者が、日本と海外の料理や飲食物の類似点と相違点を少しでもこの本から見いだし、そこから食のすばらしさを感じとられれば、本書の役割は十分なものといえよう。

著　者

本書は、株式会社岩波書店のご厚意により、岩波現代文庫『日本の味と世界の味』を底本としました。但し、頁数の都合により、上巻・下巻の二分冊といたしました。

小泉武夫（こいずみ　たけお）

一九四三年福島県の酒造家に生まれる。東京農業大学農学部卒業。農学博士。東京農業大学教授。専攻は発酵学・醸造学。特許取得二六件。著書に、『酒の話』『発酵』『奇食珍食』『日本酒ルネッサンス』『灰に謎あり』『発酵食品礼讃』『納豆の快楽』『漬け物大全』『食の堕落と日本人』『食と日本人の知恵』『FT革命』など。

日本の味と世界の味　下
（大活字本シリーズ）

2023年11月20日発行（限定部数700部）
底　本　岩波現代文庫『日本の味と世界の味』
定　価　（本体2,700円＋税）
著　者　小泉　武夫
発行者　並木　則康
発行所　社会福祉法人 埼玉福祉会
埼玉県新座市堀ノ内3—7—31　〒352—0023
電話　048—481—2181
振替　00160—3—24404
印刷製本所　社会福祉法人 埼玉福祉会 印刷事業部

ISBN 978-4-86596-617-6